Sibylle Münnich

Elterngespräche kompetent führen

Bausteine Elementardidaktik

1. Auflage

Bestellnummer 40003

Bildungsverlag EINS

Haben Sie Anregungen oder Kritikpunkte zu diesem Produkt?
Dann senden Sie eine E-Mail an 40003_001@bv-1.de
Autorin und Verlag freuen sich auf Ihre Rückmeldung.

www.bildungsverlag1.de

Bildungsverlag EINS GmbH
Hansestraße 115, 51149 Köln

ISBN 978-3-427-**40003**-5

Inhaltsverzeichnis

Vorwort

Liebe Leserin, lieber Leser,

Gespräche zwischen Eltern und pädagogischen Fachkräften gehören zum täglichen Miteinander in der Kindertagesstätte. Ob geplant, aus einem bestimmten Anlass heraus oder zwischen Tür und Angel – wir kommunizieren fortwährend. Kommunikation fordert die Menschen, die miteinander interagieren, da jeder anders wahrnimmt, sich individuell ausdrückt und seine eigene Sprache spricht. Um einander zu verstehen, braucht es das Zusammenspiel unterschiedlicher Komponenten, wie Einfühlungsvermögen, Konzentration, authentisches Auftreten und Strategien, mit denen wir Gespräche meistern.

Aber: Was tun in Situationen, in denen sich keiner verstanden fühlt, das Gespräch außer Kontrolle gerät und in eine Richtung läuft, die wir als unvorteilhaft empfinden? In diesem Buch erhalten Sie eine Kombination aus theoretischen Hintergründen und praxisorientierten Strategien sowie Impulse und Tipps für Gespräche mit Eltern, die zur persönlichen Umsetzung anregen sollen, aber auch individuell verändert und erweitert werden können. Zudem sehen Sie einige Gespräche als Video-Sequenzen und erhalten Arbeitsblätter online. Das BuchPlusWeb-Material – durch das am Rand stehende Symbol gekennzeichnet – kann nach Eingabe des vorn im Buch abgedruckten Codes unter www.bildungsverlag1.de kostenlos heruntergeladen werden.

In meinen Seminaren und Workshops zu dieser Thematik mache ich immer wieder die Erfahrung, dass eine Mischung aus Gesprächstheorien und praktischer Übung wichtig ist. Als Rückmeldung bekomme ich von Teilnehmern/-innen, dass sie diesen Seminartag zum einen zur Wissenserweiterung, zum anderen auch zur Selbstreflexion nutzen. Genauso können Sie es auch mit diesem Buch handhaben. Gelingende Kommunikation besteht vor allem aus Übung, Reflexion, stetiger Weiterentwicklung sowie dem Mut und der Bereitschaft, die gewonnenen Erkenntnisse anzuwenden und neue Strategien auszuprobieren.

Für die Praxisnähe dieses Buchs dient eine fiktive Modelleinrichtung: die Kindertagesstätte „Villa Kunterbunt". In diesem Erfahrungsraum werden Gespräche und Situationen beschrieben. Diese Einrichtung mit ihren Erziehern/-innen, Eltern und Kindern wie auch die Situationen sind frei erfunden.

In diesem Buch stehen die Begriffe „Erzieherin" und „Erzieher" stellvertretend für alle pädagogischen Berufsgruppen in sozialpädagogischen Einrichtungen.

Ich wünsche Ihnen gewinnbringendes Lesen und Impulse, die Sie für sich individuell nutzen können!

Herzlichst
Sibylle Münnich

1 Grundsätzliches

> Und ebenso offensichtlich ist, dass der Mensch von den ersten Tagen seines Lebens an die Regeln der Kommunikation zu erlernen beginnt, obwohl diese Regeln selbst, dieser Kalkül der menschlichen Kommunikation, ihm kaum jemals bewusst werden.

(Watzlawick/Beavin/Jackson, 2007, S. 13)

„Wie gesprächsbereit bin ich heute?" und „Wo liegt meine Toleranzgrenze mir und anderen gegenüber?" Diese und ähnliche Fragen tauchen auf, wenn wir gezielt reflektieren und unsere Gesprächsbereitschaft hinterfragen. Aber ist es überhaupt möglich, im vielseitigen Alltag in Dialog mit uns selbst zu treten und nachzuforschen, wie unsere Gesprächshaltung in dieser Situation ist? Schließlich fragt die Mutter eines Kindes, die genau jetzt über dessen Entwicklungsstand informiert werden möchte, auch nicht nach unserer Offenheit ihr gegenüber. Richtig ist, sie fragt nicht danach, aber sie spürt es. Und wenn sie es nicht sofort merkt, dann doch im Verlaufe des Gesprächs. In Reaktionen, Fragestellungen und Gesprächsergebnissen sind wir in jeder Situation aufs Neue mit unserer eigenen Person konfrontiert. Denn, unserer Einzigartigkeit sei Dank, kein Mensch reagiert wie der andere. Das Zusammenspiel unserer verbalen Sprache mit unserer Körpersprache und Ausdrucksweise ergibt die Summe der Reaktionen auf die Vielzahl von Reizen, die wir während eines Gespräches empfangen.

Und unser Gegenüber nimmt diese Reaktionen bewusst oder unbewusst wahr und reagiert darauf. Deshalb lässt sich logisch folgern, dass es für ein Gespräch bereichernd ist, wenn wir unser inneres Leben, unsere Gefühls- und Erfahrungswelt regelmäßig befragen und einen Zugang zu uns selbst finden, um uns anschließend öffnen zu können und somit einen Zugang zu anderen zu finden.

Was ist Kommunikation?

Unter Kommunikation werden Begegnungen und Interaktionen verstanden, die mit anderen sowie uns selbst stattfinden.

Unter „kommunizieren" verstehen wir, in Kontakt zu treten, miteinander zu sprechen, den zwischenmenschlichen Umgang zu pflegen, die Verbindung zu halten sowie sich mit anderen zu verständigen.

Das Wahrnehmen und Kennenlernen der eigenen Person ist eine der Grundvoraussetzungen, um erfolgreich mit anderen kommunizieren zu können. Aktive Kommunikation setzt voraus, die eigene Persönlichkeit einer eingehenden Betrachtung zu unterziehen. Bevor wir auf andere zugehen und kommunizieren, nehmen wir unseren eigenen Status wahr.

Inhalte	Impulsfragen zur eigenen Person	Impulsfragen zum/zur Gesprächspartner/-in
Analyse der eigenen Person	Wie nehme ich mich gerade wahr? Wie geht es mir heute? Welche Erfahrungen habe ich in Gesprächen mit Eltern gemacht?	Wie sehe ich meine/-n Gesprächspartner/-in? Welche Erfahrungen habe ich mit ihm/ihr gemacht?
Rollenverständnis	Welche Rollen habe ich in meinem Arbeitsfeld? In welcher Rolle begegne ich meinem/-r Gesprächspartner/-in?	Welche Rolle möchte ich meinem Gegenüber vermitteln?
Bedeutung des Gesprächs	Was ist mir wichtig im Gespräch zu vermitteln? Welche Ziele habe ich?	Durch welche Wörter, Mimik oder Gestik signalisiere ich die Bedeutung des Gesprächs für meine/-n Gesprächspartner/-in?
Persönliche Haltung	Welche Haltung vertrete ich während des Gesprächs? Welche Erwartungshaltung habe ich an mich?	Welche Einstellung habe ich bezüglich meines/-r Gesprächspartners/-in? Welche Erwartungen habe ich an mein Gegenüber?
Wahrnehmung	Welches sind meine bevorzugten Sinne? Welche Sinne aktiviere ich, während ich ein Gespräch führe?	Was kann ich an meinem/-r Gesprächspartner/-in beobachten? Was nehme ich bezüglich meines Gegenübers und der Umgebung wahr?
Analyse des Gesprächspartners	Wie stehe ich persönlich zu meinem/-r Gesprächspartner/-in? Welche Erfahrungen habe ich mit ihm/ihr gemacht?	Was weiß ich über meine/-n Gesprächspartner/-in? Welche Informationen sind für ein gelingendes Gespräch wichtig und von Vorteil?

Grundsätzliche Überlegungen werden regelmäßig auf Wirksamkeit, Inhalt und Qualität überprüft, analysiert und definiert. Dies erfolgt nach situativen und persönlichen Gesichtspunkten.

1.1 Die Rolle der pädagogischen Fachkraft

Spielpartner/-in, Berater/-in, Konfliktschlichter/-in, Beobachter/in, Diplomat/-in, Begleiter/-in, Tröster/-in, Vermittler/-in, Forscher/-in, Bildungsvermittler/-in, Künstler/-in, Organisator/-in, Entwickler/-in ... Dies sind sicherlich nur einige Rollen, die Ihnen einfallen, wenn Sie Ihren Berufsalltag unter die Lupe nehmen. In Bezug auf Gespräche bedeutet dies, sich Klarheit zu verschaffen, in welcher Rolle wir auf unsere/-n Gesprächspartner/-in zugehen beziehungsweise das Gespräch führen möchten.

Rollen wie Moderator/-in, Informant/-in oder Vermittler/-in kommen uns dabei in den Sinn. Die Erwartung und das Ziel des Gesprächs bestimmen oftmals die Rollenverteilung der Beteiligten. Rollen können sich verändern, je nach Verlauf eines Gesprächs.

Beispiel: *Es ist sieben Uhr morgens. Ein neuer Tag beginnt in der Kindertagesstätte Villa Kunterbunt. Susanne Müller bringt ihren zweijährigen Sohn Paul in die Kinderkrippe und ihre fünfjährige Tochter Sofia in die Igelgruppe der Kita. Erzieherin Katharina Winter begrüßt Frau Müller und informiert sie über den morgigen Ausflug in den Zoo. (Weitergeben von Informationen – Informanten-Rolle)*
Im Laufe des Gesprächs erzählt Frau Müller, dass Sofia jeden Morgen über 25 Minuten zum Anziehen ihrer Kleidung benötigt. „Was kann ich machen, um Sofia zum schnelleren Anziehen zu motivieren?", fragt Frau Müller. Katharina Winter überlegt und gibt Frau Müller einige Tipps für Rituale am Morgen. (Berater-Rolle)
Eine weitere Mutter kommt zum Gespräch hinzu und erklärt Frau Müller, dass Sofia gestern die Brotzeit ihrer Tochter Viola gegessen hat. Erzieherin Katharina Winter klärt die Situation auf, indem sie ihre Beobachtung mitteilt, dass die Mädchen ihre Brotzeit getauscht haben. Sie vermittelt zwischen den beiden Müttern. (Vermittler-Rolle)
Des Weiteren überlegen nun die beiden Mütter, wie sie die Brotzeit für beide Mädchen abwechslungsreich gestalten können. Katharina Winter hält sich im Hintergrund und stellt Fragen, wie z. B.: „Was essen Ihre Töchter gerne?", „Welche Speisen ergänzen sich ernährungstechnisch?", „Ist es für Sie in Ordnung, wenn Ihre Töchter die Brotzeit teilen?" (Moderatoren-Rolle)
Schließlich verabschieden sich alle drei Gesprächspartnerinnen voneinander. Die Erzieherin reflektiert beim Gang in ihre Gruppe das Gespräch. Sie nimmt den Verlauf wahr und stellt fest, dass sie vier verschiedene Rollen professionell ausgeübt hat, und zieht daraus ihr Fazit: In der Rolle als Moderatorin hat sie sich sehr wohl gefühlt, da sie der Überzeugung ist, dass Eltern Ratschläge am besten annehmen, wenn sie diese selbst erarbeitet haben.

Einige Rollen der aktiven Kommunikation im Überblick

Rolle	Aufgabe	Charakteristik
Informationsgeber Informant	Weitergeben von Informationen Klärung von Situationen	Erklären Nachfragen und auf Verständnis überprüfen
Vermittler	Vermitteln von Wissen, dass für eine Situation erforderlich und hilfreich ist Klären von Konfliktsituationen	Ausgleichen Schlichten Die Parteien mit Informationen versorgen
Berater	Aktive Wissensvermittlung Hilfestellung durch fachliche Kompetenz gewährleisten	Wegweisend Kompetenz sichtbar machen – passend zur Situation und dem Gegenüber Nach Lösungen suchen Bereitschaft zeigen
Begleiter	Begleitung und Unterstützung in laufenden Prozessen	Präsenz und Empathie zeigen Interessiertheit durch Fragen vermitteln
Moderator	Fragend durch das Gespräch führen und sich dabei im Hintergrund halten Den „roten Faden" immer wieder aufrollen	Fragen Vermitteln Ausgleichen Den Überblick behalten
Motivator	Aufzeigen von (Teil-) Ergebnissen und Erfolgen	Positiv verstärken Nach Stärken fragen Motivieren durch Unterstützung und Empathie

Jeder Mensch füllt die Rollen seines Lebens und während eines Gesprächs individuell und mit persönlichen Inhalten aus. Auch vermischen sich sicherlich Qualitäten der verschiedenen Rollen, je nach Situation und Gesprächsverlauf.

Impuls für die Praxis

Reflektieren Sie nach einem Tür- und Angelgespräch sowie nach einem geplanten Gespräch, welche Rollen Sie eingenommen haben.

Überlegen Sie:
- Welche Rollen übte ich während der Gespräche aus?
- In welcher Rolle habe ich mich sicher gefühlt?
- Welche Rolle möchte ich auf keinen Fall einnehmen? Weshalb nicht?

- Habe ich von meinem Gegenüber eine positive Reaktion bekommen? Wenn ja, in welcher Rolle war ich in dieser Situation?
- Wenn ich meine eigene Rolle gestalte, mit welchen Aufgaben und Charakteristika fülle ich sie?

Einen Arbeitsbogen zu Ihrem „Rollenspiel“ finden Sie im Online-Material (Blatt 1).

1.2 Die Bedeutung des Gesprächs

Ein Ziel der Kommunikation zwischen Eltern und Erzieher/-in in der Kindertagesstätte ist, gemeinsam die bestmögliche Entwicklung des Kindes zu gewährleisten:

Zur Erreichung dieses Ziels sind zwei Komponenten wichtig: die fachliche Ebene und die Beziehungsebene.

Fachliche Ebene **Vermittlung von Kompetenz und fachlichem Wissen**	**Beziehungsebene** **Beziehung zwischen Familien und pädagogischem Fachpersonal stärken**
Hilfreiches Verhalten: – Ausführliche und informative Gespräche bei der Aufnahme und Eingewöhnung des Kindes – Informationsweitergabe in Tür- und Angelgesprächen – Vorbereitete Entwicklungsgespräche mit unterstützendem Dokumentationsmaterial (z. B. Beobachtungsbögen, Portfolio, Entwicklungsdokumentationen) – Mitteilen von Beobachtungen und Entwicklungsschritten – Unterstützende Begleitung in Situationen der Veränderung und bei Übergängen – Hilfe zur Selbsthilfe geben – Wissensvermittlung an Elternabenden	Hilfreiches Verhalten: – Präsenz zeigen – Positive Einstellung dem/der Gesprächspartner/-in gegenüber – Initiative durch Gesprächsbereitschaft und das Beantworten von Fragen – Aktives Zuhören – Aussprechen lassen – Nachfragen – Offene Körperhaltung – Ich-Botschaften senden – Grenzen aufzeigen – Bestärken

Die Summe der Qualitäten aus der fachlichen Ebene und der Beziehungsebene ergibt die Basis für kompetentes Handeln.

1.3 Wie kommt die Kompetenz ins Gespräch?

Was wird unter Kompetenz verstanden?
Kompetenz bedeutet, das Wissen, die Fähigkeiten und die Qualifikation in einem spezifischen Zusammenhang zu besitzen.

Es ist sehr wichtig, unserem/-r Gesprächspartner/-in gegenüber Kompetenz zu vermitteln. Die Gründe dafür werden im Folgenden erläutert.

Kompetenz gibt uns Sicherheit:

In Situationen, in denen wir uns befähigt fühlen, „einen guten Job" zu machen, überzeugen wir uns selbst von unserer Kompetenz. Dies fördert unser Selbstvertrauen und bestärkt uns in unserem Handeln. Fühlen wir uns qualifiziert und sicher, so stehen wir voller Selbstbewusstsein mit beiden Beinen auf dem Boden und fühlen uns der Situation gewachsen. Dies ist die Basis für ein gelingendes Gespräch.

Kompetenz gibt dem/der Gesprächspartner/-in Sicherheit:

Diese Sicherheit wird durch Körperhaltung, Sprache, Gesprächsbereitschaft und fachliche Qualität ausgestrahlt. Bekommt der/die Gesprächspartner/-in die Gewissheit, dass wir für unseren Beruf qualifiziert und befähigt sind, so bekommt er Vertrauen in uns und unsere Arbeit. Dieses Vertrauen ist die Basis einer gewinnbringenden Zusammenarbeit.

Kompetenz ist die Basis eines professionellen Gesprächs:

Kompetenz verlangt nicht, alles zu wissen und unfehlbar zu sein. Wenn wir aber unsere Fehler reflektieren und wissen, wie wir unser Verhalten oder unsere Strategien ändern können oder an welcher Stelle Hilfe nötig ist, so legen wir einen Grundstein für kompetentes Handeln.

Kompetenz setzt Vertrauen voraus:

Ein positives Selbstbild bestärkt das Selbstvertrauen, ebenso wie das Wissen um die eigenen Stärken und Ressourcen. Aber auch ein Vertrauensvorschuss in unser Gegenüber ist für kompetente Gesprächsführung erforderlich. Wir haben das Vertrauen in unsere/-n Gesprächspartner/-in, dass er/sie ebenso wie wir Ressourcen und Fähigkeiten in sich trägt, um die Situation zu meistern.

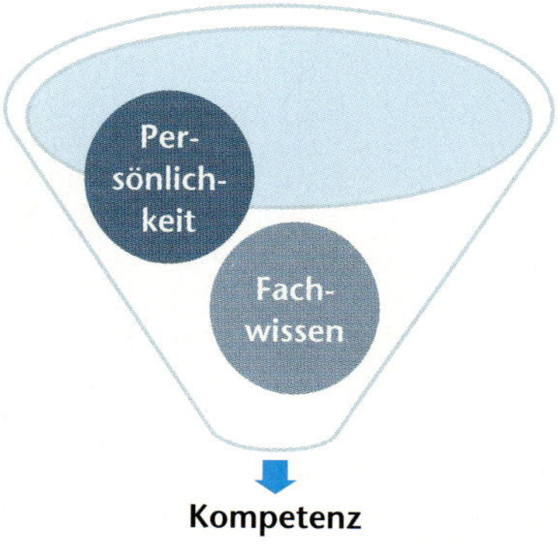

Wodurch strahlen wir Kompetenz in Gesprächen aus?

Kompetentes Auftreten mit einer professionellen Ausstrahlung setzt sich aus zwei Komponenten zusammen: Persönlichkeit und Fachwissen.

Persönlichkeit	Fachwissen
Bereitschaft zu Gesprächen Einsatz von persönlichen Ressourcen und Fähigkeiten Authentisches Zusammenspiel von Körpersprache und verbaler Sprache Aktives Zuhören und Nachfragen Reflektiertes Handeln Vertrauen in sich und andere Gepflegtes äußeres Erscheinungsbild	Vermitteln von sachlichen Zusammenhängen Bereitschaft zur Wissenserweiterung Kompetentes Handeln Fachwissen in Zusammenhang stellen Reflexion des eigenen Handelns

Kompetenz wird vermittelt durch Persönlichkeit und Fachwissen.

Beispiel: *Susanne Müller kommt in den Hort der Villa Kunterbunt, um ihren siebenjährigen Sohn Yannick abzuholen. Sie ist aufgebracht, das kann Erzieher Sven Sommer an ihrer Körperhaltung feststellen. „Hallo, Frau Müller!", geht Sven Sommer auf die Mutter zu und gibt ihr die Hand. „Guten Tag, Herr Sommer!", entgegnet Susanne Müller. „Gerade rief mich die Lehrerin von Yannick an und teilte mir mit, dass er bereits zum zweiten Mal den Lesetest in der Schule nur mangelhaft absolviert hat. Sie haben mir doch gestern erst gesagt, dass Yannick bereits im Hort gelesen hat und zu Hause nicht mehr üben braucht. Wie können Sie mir das erklären?" Sven Sommer überlegt und erwidert: „Ja, ich habe gestern mit Yannick den Text mehrmals gelesen und dabei war Yannick sehr sicher. Was genau hat die Lehrerin am Telefon zu Ihnen gesagt?" Frau Müller gibt das Gespräch mit der Lehrerin wieder. „Das finde ich sehr unglücklich und ich kann es mir nicht erklären", entgegnet Sven Sommer nach dieser Erklärung. „Ich möchte diesen Fall gerne aufklären, damit Yannick das nächste Mal den Test besteht. Soll ich einen Termin mit der Lehrerin ausmachen oder möchten Sie einen Termin ausmachen, damit wir zu dritt über den Lesetest sprechen?" Frau Müller überlegt und erklärt, dass es ihr recht wäre, wenn sie jetzt gemeinsam am Telefon einen Termin mit der Lehrerin ausmachen könnten. Nach dem Telefonat und einem bestätigten Termin verabschieden sich Sven Sommer und Susanne Müller voneinander. „Auf Wiedersehen, Frau Müller, und bis morgen. Wir können uns um 10 Uhr im Hort treffen und dann gemeinsam zur Lehrerin gehen." „Vielen Dank, Herr Sommer, dass Sie diesen Termin ausgemacht haben und wir die Schwierigkeiten gemeinsam klären können", so Frau Müller. Der Erzieher sagt im Gehen: „Schauen Sie noch, was*

Yannick heute für ein hohes Gebäude gebaut hat. Er hat die Steine genau abgezählt, in Mathe ist er sehr gut, und das mit dem Lesen bekommen wir gemeinsam auch noch in den Griff." „Ja, bis morgen, auf Wiedersehen", verabschiedet sich Frau Müller.

Web

Dieses Gespräch finden Sie als Video-Sequenz online (1. Konfliktgespräch).

In diesem Beispiel lassen sich folgende Dinge beobachten:

- Der Erzieher erkennt durch seine Offenheit und Beobachtungsgabe die Stimmung, in der Frau Müller sich befindet, und nimmt sie entsprechend in Empfang, indem er ihr die Hand gibt und Gesprächsbereitschaft signalisiert.
- Der Erzieher fragt, was genau die Lehrerin sagte, und zeigt somit Interesse am Geschehen.
- Seine fachliche Kompetenz unterstreicht er, indem er der Mutter bestätigt, dass er den Fall zum Wohle des Kindes aufklären möchte.
- Der Erzieher lässt der Mutter die Wahl, wer den Termin mit der Lehrerin ausmacht. Das gibt der Mutter Sicherheit und sie fühlt sich ernst genommen, da Sven Sommer zudem sofort auf ihr Anliegen reagiert.

Impuls für die Praxis

Reflektieren Sie eine ähnliche Situation, in der Sie Fragen beantworten mussten.

- Wodurch vermitteln Sie Ihrem/-r Gesprächspartner/-in Sicherheit?
- Welche rhetorischen Gesprächsstrategien haben Sie angewandt?
- Wann fühlen Sie sich in Gesprächen sicher und kompetent?
- In welcher Situation bekamen Sie eine Rückmeldung – verbal oder nonverbal –, dass Ihr Gegenüber Sie als kompetent empfand?

Kompetente Gespräche entstehen aus dem Zusammenspiel einer authentischen Persönlichkeit und der Sicherheit, die durch individuelle Fähigkeiten und fachliche Qualifikation ausgestrahlt und vermittelt wird.

1.4 Die eigene Wahrnehmung

Beispiel: *„Alle Kinder, die ein blaues T-Shirt tragen, stellen sich bitte an!", ruft die Erzieherin. Lisa springt auf und stellt sich als erste an der Tür an. „Lisa, du hast kein blaues T-Shirt", mahnt die Erzieherin. „Aber ich habe doch ganz viele blaue Blumen auf meinem T-Shirt", ruft Lisa und zeigt auf das Blumenmuster. „Also gut, du hast recht, auf deinem T-Shirt ist wirklich etwas Blaues", erkennt die Erzieherin.*

Wie hätten Sie reagiert? Anders, ähnlich oder genauso? Wie „blau" muss ein blaues T-Shirt sein? Reicht ein blaues Emblem oder muss es einfarbig blau sein?
Dies alles ist eine Frage der Wahrnehmung – und diese ist subjektiv, somit individuell ausgeprägt. Die Wahrnehmung ist also eine subjektive Angelegenheit. Je nach Erfahrung, Temperament, Entwicklung, Umgebung und Situation wird das Gesehene, Gefühlte, Gehörte, Geschmeckte, Gerochene verarbeitet und abgespeichert. So kann die Aufforderung eines Kindes: „Kannst du mir bitte den Sand aus dem Schuh schütten und danach helfen, meinen Schuh wieder anzuziehen?" im Urlaub am Strand eine andere Reaktion hervorrufen als die gleiche Aufforderung am Sandkasten der Kindertagesstätte, wo eine hohe Geräuschkulisse herrscht und der Blick auf die Uhr ein mögliches Zuspätkommen zur Besprechung signalisiert.

Die Rahmenbedingungen und der momentane Zustand der eigenen Person spielen bei der Wahrnehmung eine ebenso große Rolle wie Erfahrungen und bevorzugte Sinneskanäle. Betrachten wir die Wahrnehmung in Gesprächen, so stellen wir eine Verbindung zu unseren Sinneskanälen fest.

- Auditiv – Akustische Wahrnehmung und Reize während eines Gesprächs
  - Was hören wir während des Gesprächs?
  - Wie ist die Stimmlage unseres Gegenübers?
  - Welche Sprache wird benutzt?
  - Welche Wörter fallen uns auf?
  - Welche Hintergrundgeräusche nehmen wir wahr?

- Visuell – Visuelle, sehende Wahrnehmung während eines Gesprächs
  - Welche visuellen Reize fallen uns an unserem Gegenüber auf?
  - Wie ist die Körperhaltung, die Atmung, die Gesichtsfarbe?
  - Sehen wir Auffälligkeiten im äußeren Erscheinungsbild?

- Kinästhetisch – Gefühle während eines Gesprächs
  - Was fühlen wir während des Gesprächs?
  - Welche Gefühle nehmen wir wahr?
  - Gibt es Signale oder Reize, die bestimmte Gefühle in uns hervorrufen?
  - Erinnern diese uns an eine bestimmte Situation?
  - Wie merken wir, dass wir uns sicher bzw. unwohl während des Gesprächs fühlen?

- Olfaktorisch – Geruchssinn während eines Gesprächs
  - Was riechen wir während des Gesprächs?
  - Können wir unseren Gegenüber riechen?
  - Was lösen diese Gerüche aus?
  - Erinnern uns diese an eine Situation?

- Gustatorisch – Geschmackssinn während des Gesprächs
  - Welchen Geschmack haben wir im Mund, wenn wir an eine Situation denken?

Während wir uns mit einem Menschen unterhalten, nehmen wir hauptsächlich durch unseren bevorzugten Sinneskanal wahr. Welcher Sinn gerade bei unserem/-r Gesprächspartner/-in dominant ist, können wir unter anderem durch Worte und Aussagen erkennen.

- Auditiver Sinneskanal: Beschreibung von Gehörtem, z. B.:
  - Hören Sie mir bitte zu!
  - Haben Sie schon gehört?
  - Ich kann es nicht mehr hören!
- Visueller Sinneskanal: Beschreibung von Gesehenem, z. B.:
  - Schauen Sie mal!
  - Ich sehe es schon vor mir!
  - Ich hab es genau gesehen!
  - Immer wenn ich das sehe, dann ...!
  - Ich beschreibe Ihnen die Situation: ...
- Kinästhetischer Sinneskanal: Beschreibung von Gefühlen, z. B.:
  - Ich fühle mich ...!
  - Ich habe mich gefühlt wie ...!
  - Können Sie verstehen, wie ich mich fühle?
- Olfaktorischer/Gustatorischer Sinneskanal: Beschreibung von Geruchs- oder Geschmackserlebnissen, z. B.:
  - Ich kann sie gut/nicht riechen!
  - Das schmeckt nach ...!

Beispiel: *Der Erzieher Sven Sommer und die Erzieherin Katharina Winter kommen, nachdem alle Kinder in den Garten gegangen sind, in den Gruppenraum zurück. Kritisch betrachten sie den Raum und wundern sich, warum die Kollegin diesen noch nicht gemeinsam mit den Kindern aufgeräumt hat, obwohl die Kollegin erwähnte, dass alles erledigt sei und lediglich das Essensgeschirr noch in die Küche gefahren werden sollte. Sven geht in die Verkleidungsecke und sortiert die Hüte, Mützen, Taschen und Kleider in die Kisten. Katharina geht zielstrebig in die Traumecke und schaltet die Musik ab, die in geringer Lautstärke noch im CD-Player läuft. „Immer diese Hintergrundmusik! Da fällt es mir schwer, zu arbeiten und mich auf ein Spiel zu konzentrieren", ruft Katharina zu Sven. „Also mir ist die Musik noch gar nicht unangenehm aufgefallen. Ich empfinde sie sogar als beruhigend", entgegnet Sven. „Mich stört die fehlende Struktur in der Verkleidungsecke. In jeder Kiste ein Durcheinander von Mützen, Taschen, Klamotten", so Sven. „Das stört mich gar nicht. Hauptsache, die Kinder räumen die Verkleidung selbst auf", antwortetet Katharina.*

In der nächsten Teamsitzung sprechen Katharina, Sven und die Kollegin über die Aufräumsituation. „Also für mich war der Gruppenraum ausreichend aufgeräumt!", „Mich stört die Musik!", „Mir fehlt eine richtige Struktur in den Ecken", so die Aussagen der Teamteilnehmer/-innen.

Am Ende stellen sie fest, dass jeder eine unterschiedliche Wahrnehmung hat. Sie werden auf diese Unterschiede aufmerksam und beginnen sich mit dem Thema zu beschäftigen. Sie reflektieren ein Elterngespräch, bei dem beide Erzieher anwesend waren: Katharina stellt fest, dass sie auf Geräusche und Stimmen sehr sensibel reagiert, während Sven die Inhalte und die Satzstruktur der Gespräche exakt wiedergeben kann.

Die Erkenntnis dieser Teamsitzung: Die gleiche Situation kann sehr unterschiedlich wahrgenommen werden, je nachdem, durch welche Sinneskanäle und in welcher Intensität die Situation erfasst wird.

Welche Sinne wir wie einsetzen, hängt von unserer Persönlichkeit und unseren individuellen Erfahrungen ab. Ebenso werden die Ausprägung und die Sensibilität der Sinneswahrnehmungen vom eigenen Temperament und der persönlichen Entwicklung bestimmt. Natürlich sind diese Wahrnehmungen auch abhängig von der Situation. Ist ein Reiz besonders stark – z. B. ein starkes Parfüm, eine laute oder hohe Stimme, auffallende Kleidung –, so wird der Sinneskanal dominant, der durch diesen Reiz angesprochen wird.

Impuls für die Praxis

Verändern Sie vor der nächsten Teamsitzung einen Gruppenraum oder bereiten Sie im Mehrzweckraum „Sinnesmaterial" vor.

- Für die Augen: ausgeschüttete Kisten, im Raum verteilte Spiel- oder Alltagsmaterialien, ein Bild mit grellen Farben usw.
- Für die Ohren: mehrere Geräuschquellen, z. B. zwei CD-Player, von denen der eine laute Popmusik spielt, der andere Entspannungsmusik

- Für das Gefühl: Bilder und Fotos mit Situationen aus dem Kindertagesstätten-Alltag, die im Raum verteilt wurden.
- Für den Geschmack: Duftkerzen, Räucherstäbchen, Zitronenwasser usw.

Bevor Ihre Kollegen/-innen den Raum betreten, stellen Sie ihnen die folgende Aufgabe: Jeder bringt aus dem Raum einen Gegenstand mit, der besonders gefällt, und einen Gegenstand, der besonders stört. Anschließend treffen Sie sich wieder in einem neutralen Raum und moderieren eine Feedback-Runde: „Was habe ich wahrgenommen?“ und „Was hat mir besonders gefallen bzw. was hat mich besonders gestört?“

Somit machen Sie und Ihre Kollegen sich Ihrer Wahrnehmung bewusst und reflektieren über Reizquellen, die Sie tagtäglich umgeben.

Web

Einen Arbeitsbogen zur Wahrnehmung finden Sie im Online-Material (Blatt 2).

Wahrnehmung ist subjektiv und wird durch unsere Sinne, Denkvorgänge und -muster sowie die individuelle Persönlichkeit beeinflusst.

1.5 Analyse der Gesprächspartner/-innen

> Aber Mattis wollte sich noch nicht von seiner Tochter trennen. Er stand da und sah mit Staunen ihre klaren Augen, ihren winzigen Mund, ihren dunklen Haarschopf und ihre hilflosen Hände, und er erschauerte vor Liebe.

(Lindgren, 1982, S. 7)

Eltern sind Experten, wenn es um ihre Kinder geht. Sie haben einen emotionalen Bezug und eine Bindung zu ihrem Kind. Kommen Eltern und Kinder in die Einrichtung, so sind sie während des Gesprächs als eine Einheit zu sehen, da Kinder sehr genau spüren, wie die Erzieher/-innen seinen Eltern begegnen. Auch Gespräche mit spezifischen Problematiken müssen immer mit Blick auf das Kind geführt werden, also wertschätzend und wohlwollend. Ist der Verlauf eines Gesprächs kontraproduktiv, so wird sich die Stimmung des Elternteils auf das Kind übertragen. Denken Eltern negativ über Erzieher/-innen, so wirkt sich das wiederum auf die Beziehung zwischen Kind und Erzieher/-in aus. Entweder das Kind begegnet dem/der Erzieher/-in mit

negativen Vorbehalten – ob bewusst oder unbewusst – oder das Kind gerät in einen Interessenkonflikt, da es nicht weiß, welchem Erwachsenen es vertrauen oder glauben soll. Daher ist es immer von Vorteil, Probleme mit Eltern zu reflektieren und aktiv zu bearbeiten – ob im persönlichen Gespräch mit den Eltern oder in der Aufarbeitung mit einer beratenden Fachkraft.

Wissenswertes und Vorüberlegungen zu Gesprächspartnern/-innen

Analyse der Gesprächspartner/-innen	Fragestellung im Hinblick auf die Eltern	Fragestellung im Hinblick auf das Kind
Wahrnehmung	Wie nehme ich meine/-n Gesprächspartner/-in wahr? Was sehe ich, wenn ich ihn/sie mir vorstelle? Was höre ich, wenn ich ihn/sie mir vorstelle? Welche Gefühle habe ich, wenn ich ihn/sie mir vorstelle? Was rieche/schmecke ich, wenn ich ihn/sie mir vorstelle?	Wie nehme ich meine/-n Gesprächspartner/-in im Umgang mit seinem/ihrem Kind wahr? Welches Bild sehe ich, wenn ich ihn/sie mir im Umgang mit seinem/ihrem Kind vorstelle? Welche Worte höre ich, wenn ich ihn/sie mir im Umgang mit seinem/ihrem Kind vorstelle? Welche Gefühle nehme ich wahr, wenn ich ihn/sie mir im Umgang mit seinem/ihrem Kind vorstelle?
Allgemeines Wissen	Welches Wissen habe ich über meine/-n Gesprächspartner/-in bezüglich Werte, Religion, Herkunft, Lebenssituation?	Welche Rituale und Wertevermittlung konnte ich hinsichtlich des Kindes wahrnehmen?
Erfahrungen	Welche Erfahrungen habe ich mit meinem Gesprächspartner/-in bisher gemacht? Welche positiven Erfahrungen helfen mir bei dem kommenden Gespräch?	Welche Erfahrungen habe ich im Umgang zwischen Eltern und Kind wahrgenommen? Welche positiven Erfahrungen zwischen Eltern und Kind kann ich während des Gesprächs aufgreifen?

Analyse der Gesprächspartner/-innen	Fragestellung im Hinblick auf die Eltern	Fragestellung im Hinblick auf das Kind
Familiäre Situation	Wie ist die aktuelle Lebenssituation der Eltern?	In welchem Umfeld wächst das Kind auf?
Ressourcen	Welche Fähigkeiten meines/-r Gesprächspartners/-in kenne ich? Was bestärkt den Vertrauensvorschuss, den mein/-e Gesprächspartner/-in von mir bekommt?	Welche Fähigkeiten und Stärken meines/-r Gesprächspartners/-in konnte ich im Umgang mit seinem/ihrem Kind beobachten?
Ziele	Für welche Erkenntnis, Einsicht oder Erfahrung möchte ich meine/-n Gesprächspartner/-in während des Gesprächs gewinnen? Welche Erkenntnis wäre bereits ein Ziel?	Welche Erkenntnis, Einsicht oder Entwicklungserfahrung möchte ich meinem/-r Gesprächspartner/-in bezüglich seines/ihres Kindes vermitteln?

Bei planbaren Gesprächen ist es sicherlich von Vorteil, sich im Vorfeld auf seine/-n Gesprächspartner/-in vorzubereiten, vor allem, um sich die aktuelle Situation des Gegenübers, seine Werte und Stärken bewusst zu machen und diese in problematischen Gesprächen aufgreifen zu können.

In spontane Gespräche fließen während des Gesprächsverlaufs oftmals Erfahrungen ein, die man mit dem Gegenüber bereits gemacht hat, wie auch Werte und bisherige Beobachtungen. Vorteilhaft ist es, im Gesprächsverlauf auf Fähigkeiten und Ressourcen einzugehen bzw. diese gemeinsam zu finden. Sie sind wichtig, da sie zum Erarbeiten von Lösungen und neuen Perspektiven benötigt werden.

1.6 Verbale und nonverbale Kommunikation

Während wir kommunizieren, nehmen wir viele unterschiedliche Facetten wahr. Am glaubwürdigsten erscheinen wir als Gesprächspartner/-in, wenn wir authentisch sind: Unsere Worte gehen mit unserer Körpersprache einher und sind stimmig.

Oder anders beschrieben: Unser Körper drückt das aus, was unsere Worte auszudrücken versuchen. Denn in der Beobachtung unseres/-r Gesprächspartners/-in werden wir den Ausdruck des Körpers mehr wahrnehmen als die gesprochenen Worte.

Monika Matschnig, Expertin für Körpersprache, belegt diese Wahrnehmung:

Hätten Sie gedacht, dass wir, wenn wir einem Menschen zum ersten Mal begegnen, zu 93 Prozent über unsere Körpersprache kommunizieren? 55 Prozent unserer Aufmerksamkeit richten sich auf Haltung, Gestik und Mimik unseres Gesprächspartners, weitere 38 Prozent auf Lautstärke oder Melodie der Stimme. Der Inhalt von dem, was wir hören, interessiert uns im Gegensatz zur Art und Weise, wie es uns vermittelt wird, also nur zu 7 Prozent.

(Matschnig, 2008, S. 9)

Ich sehe was, was du nicht hörst!

Vielleicht kennen Sie diese Situation: Wir fordern eine Person auf, etwas zu tun, oder liefern ihr einen Lösungsvorschlag. Die Person bestätigt unsere Aufforderung, indem sie beispielsweise sagt: „Das ist eine gute Idee, das werde ich gleich zu Hause ausprobieren." Doch wir denken uns: „Naja, ich bin sehr unsicher, ob sie das zu Hause wirklich anwendet!" Diese Denkprozesse entstehen unter anderem dadurch, dass die Körperhaltung des Gegenübers unentschlossen wirkte, obwohl die Worte uns den Versuch zusagten. Unbewusst oder bewusst nehmen wir kleine Gesten oder minimale Unstimmigkeiten in der Mimik wahr.

Unser Gesicht hat 43 Muskeln – das ist Rekord im menschlichen Körper. Daher sind die mimischen Ausdrucksmöglichkeiten des Menschen nahezu unbegrenzt und – kulturell bedingt – sehr verschieden.

(Matschnig, 2008, S. 65)

Es gibt wenig Pauschalisierungen bezüglich der Körperhaltung, doch einige Anzeichen werden als eindeutig wahrgenommen: Nimmt unser Gegenüber eine abgewendete Körperhaltung ein, indem er Rumpf und Kopf von uns wegdreht, interpretieren wir dies als ablehnende Haltung. Ein aufrichtiges und authentisches Lachen hingegen erkennen wir, wenn wir es im ganzen Gesicht unseres/-r Gesprächspartners/-in wahrnehmen können, wenn z. B. auch seine/ihre Augen mitlachen.

Jedoch sollten wir den Menschen, der uns gegenüber steht, kontinuierlich beobachten. Jede Beobachtung ist eine Momentaufnahme und so können wir uns erst ein Bild von seiner wirklichen Gefühlslage machen, wenn wir ihn in verschiedenen Situationen erlebt haben. Nur so können Unterschiede wahrgenommen und analysiert werden.

Wenn die Sprache des Körpers, auch nonverbale Sprache genannt, also ein höheres Maß an Bedeutung hat als die Worte selbst, nehmen wir diese bei persönlichen Gesprächen umfassender und intensiver wahr als bei einseitiger Kommunikation. Dies erklärt auch, warum es bei dem Verfassen von E-Mails oder Briefen wesentlich ausführlicherer Erklärungen bedarf als beispielsweise beim Telefonieren. Bei letzterem haben wir zumindest die Möglichkeit, den Klang der Stimme und die Tonalität der Sprache wahrzunehmen. Die intensivste Kommunikation entsteht aber im Face-to-Face-Gespräch.

Nützliches zur Köpersprache und verbalen Sprache in Elterngesprächen

Körpersprache

Kleidung	Auch Kleidung kann Aussagen treffen. So ist ein der Situation angepasstes Äußeres unterstützend. Beim Vermitteln von Kompetenz, z. B. in Elternabenden oder Elternversammlungen, sollte sich diese Kompetenz auch in der Kleidung ausdrücken. In der alltäglichen Kita-Arbeit spielt legere Kleidung, die Wasserfarben, Kleister und Kleber aushält und gleichzeitig für Bewegungsübungen geeignet ist, die Hauptrolle. Doch wie kompetent fühlen wir uns, wenn wir in einer Kleidung im Entwicklungsgespräch sitzen, auf denen Spuren des Tages sichtbar sind? Hier geht es weniger um die Gedanken des Anderen, sondern um unser eigenes Wohlfühlen. Und je wohler wir uns fühlen, umso kompetenter agieren wir im Elterngespräch. Aus der Praxis ist zu berichten, dass das Wissen um „die Gesprächsbluse/das Gesprächshemd" in der Tasche Sicherheit bietet.
Händedruck	Hier gilt: kein Schraubstock und kein toter Fisch! Begrüßen Sie Ihr Gegenüber mit einem sicheren Händedruck und nehmen Sie gleichzeitig Blickkontakt auf.
Lächeln	Bitte lächeln! Begrüßen Sie Ihr Gegenüber mit einem Lächeln. Das ruft erstens bei diesem in den meisten Fällen ebenfalls ein Lächeln hervor und zweitens ist es für Sie selbst motivierend.
Bodenkontakt	Damit wir auf dem Boden der Tatsachen bleiben, sind ein ständiger Kontakt mit und ein fester Stand auf dem Boden unumgänglich. Ob im Sitzen oder im Stehen: So bleiben wir mit beiden Beinen fest auf der Erde. Zu einem stabilen Stand verhelfen hüftbreit gestellte Beine und leicht angewinkelte Knie, damit sich das Gewicht auf beide Beine verlagert.
Gesten	Wenn wir Gesagtes mit Bewegungen unserer Hände unterstreichen, so hilft dies oftmals dem Gegenüber, die Botschaft deutlicher wahrzunehmen. Wiederholen wir Gesten unseres Gegenübers in der richtigen Dosierung, so fühlt sich unser/-e Gesprächspartner/-in ernst genommen und verstanden.

Blickkontakt	In manchen Kulturen gilt es als unhöflich, dem Gegenüber in die Augen zu sehen. Sofern uns nichts anderes bekannt ist, praktizieren wir eine Mischung aus interessiertem Augenkontakt und Standhalten des Blickkontakts, ohne den/die Gesprächspartner/-in anzustarren.
Nähe und Distanz	Wie nah darf der/die Gesprächspartner/-in uns kommen, damit wir noch die nötige emotionale Distanz und die sachliche Objektivität behalten? Bei planbaren Gesprächen sollten Sie dafür sorgen, dass der nötige Platz und genügend Stühle vorhanden sind. Idealerweise setzen Sie sich zu dem Gespräch an einen Tisch. Je nachdem, wie viele Personen bei dem Gespräch dabei sind, sollten Sie sich auch Gedanken über die Tischordnung machen.
Körperhaltung spiegeln	Um eine interessierte und verständliche Gesprächsgrundlage zu schaffen, begeben wir uns in die gleiche Körperhaltung wie unser Gegenüber. Auch wenn diese keine bevorzugte Körperhaltung von uns ist, so vermittelt sie doch dem/der Gesprächspartner/-in, dass wir uns auf der gleichen Ebene befinden. Macht diese Körperhaltung einen verschlossenen Eindruck, ändern wir unsere Haltung während des Gesprächs. Haben wir eine gute Gesprächsgrundlage, so wird unser Gegenüber in seiner Haltung mitgehen.

Ihre eigene Körpersprache können Sie durch Selbstreflexion einschätzen: Testen Sie Ihre Körpersprache, indem Sie sich eine Aufgabe für einen Kollegen überlegen, z. B.: „Kannst du heute bitte den Tisch decken und anschließend das Tischgebet übernehmen?" Äußern Sie Ihr Anliegen einmal gegenüber einem Kollegen ohne Körpersprache, indem Sie Ihre Hände in die Hosentaschen stecken und ihn ausdruckslos ansehen.

Dann äußern Sie die gleiche Aufgabe gegenüber einem anderen Kollegen, doch diesmal mit offener Körpersprache, einem Lächeln und dem Unterstreichen der wichtigsten Aussage mit einer Geste.

Vergleichen und reflektieren Sie die beiden Reaktionen Ihrer Kollegen und die Wirksamkeit Ihrer Aufforderung.

Verbale Sprache

„Nicht" vermeiden	„Lesen Sie diesen Text nicht weiter, er könnte etwas Unverständliches beinhalten!" Und, ist Ihre Neugier geweckt? Halten Sie sich an die Anweisung? Ein „Nicht" löst meist das Gegenteil der beabsichtigten Aussage aus, da unser Gehirn ein „Nicht" meistens wegrationalisiert und sich mit einem „Was wäre, wenn ich genau das aber versuche" auseinandersetzt. Bei Kindern beispielsweise lösen Verbote mit „Nicht" zusätzliche Neugierde aus, z. B.: „Nimm bitte nicht das rote Marmeladenglas, das auf dem Schrank steht." Und schon befasst sich das Kind mit dem roten Marmeladenglas. Stattdessen ist es vorteilhaft, eine Lösung anzubieten: „Im Kühlschrank steht die Johannisbeermarmelade, die du für dein Pausenbrot nehmen kannst." Übertragen auf Elterngespräche: Was hört sich besser an und wo findet eine klare Aussage statt? „Ich möchte nicht, dass Sie Ihr Kind nach 9.00 Uhr bringen, da hier bereits unser Stuhlkreis angefangen hat." Oder: „Ich möchte, dass Sie Ihr Kind bis 8.50 Uhr bringen, da es dann rechtzeitig zum Stuhlkreisbeginn kommt."
„Sie meinten eben, dass…" – Wiederholungen	Wir sprechen in der Sprache unseres Gegenübers. So wird die höchste Verständigung gewährleistet. Worte und Aussagen des/der Gesprächspartners/-in werden wiedergegeben und in die eigene Sprache eingebaut. Fachausdrücke werden erklärt.
„Wie meinen Sie das?"	Wenn Sie beispielsweise Stars bei Interviews beobachten, können Sie oftmals feststellen, dass sie auf eine Frage, zu der sie keine Äußerung machen möchten, eine Gegenfrage stellen. Frage: „Verraten Sie mir Ihr Alter?" Antwort: „Würden Sie mir Ihres verraten?" Oder: „Kann ich es dann morgen auf der Titelseite lesen?" Eine Frage, die wir stellen können, auch in Situationen der Anschuldigung oder Ratlosigkeit, ist: „Wie meinen Sie das?" Fragen bewirken beim Gegenüber, dass er nachdenkt, sich mit Aussagen auseinandersetzt und somit ernsthafte Gesprächsbereitschaft zeigt.

Kurz, konkret, sachlich	Small Talk ist wichtig. Wichtige Aussagen und Lösungen aber werden in kurzen, konkreten Sätzen auf der sachlichen Ebene formuliert: „Für Lisas Entwicklung ist es wichtig, dass sie jeden Tag 15 Minuten eine Aufgabe konzentriert erledigt." Verschachtelte Sätze, die mehr als zwei Aussagen beinhalten, sind verwirrend. Informationen und Anregungen sind am wirksamsten, wenn sie auf den Punkt genau formuliert sind.
Einen Standpunkt vertreten	Eine Gesprächssituation: Erzieherin: „Mein Ziel ist es, den Kindern Freude an gesunder Ernährung und damit ein gutes Körperbewusstsein zu vermitteln." Mutter: „Ja, aber ein Schokoladen-Brot am Morgen schadet doch nicht." Erzieherin: „Da haben Sie recht. Da Leon es aber in der Kita isst, sehen es die anderen Kinder. Und wie gesagt: Mein Ziel ist es, Kindern die gesunde Ernährung zu vermitteln. Welche Alternative können Sie Leon denn als Frühstück mitgeben?" Den eigenen Standpunkt zu vertreten bedeutet, die wichtigsten Aussagen immer wieder zu wiederholen. Somit bekommen wir Sicherheit und der/die Gesprächspartner/-in erfährt klar, deutlich und überzeugend unserer Meinung.

Impuls für die Praxis

Mit genügend verbaler Übung fällt es leichter, Aussagen konkret zu formulieren. Dies wird mit den folgenden beiden Übungen trainiert:

- Beobachten Sie Kollegen oder Eltern in ihren Erzählungen. Immer wenn diese sehr umfangreiche Aussagen tätigen, z. B. auf Ihre Frage: „Was haben Sie denn am Wochenende erlebt?", dann denken Sie: „Was will mir mein Gegenüber sagen?" Im Anschluss fassen Sie die Erzählung in einem Satz zusammen.
- Lesen Sie ein Bilderbuch oder eine Geschichte. Beschreiben Sie anschließend einem Kollegen in einem oder maximal zwei Sätzen den Inhalt des Buchs oder der Geschichte.
  Diese Übung kann auch als Wahrnehmungsübung erweitert werden: Drei Kollegen lesen eine Geschichte und jeder schreibt eine Inhaltsangabe in einem Satz. Worauf legt der jeweilige Kollege am meisten Wert? Was wird wahrgenommen und wo liegen die Unterschiede in der Wahrnehmung?

Authentisches Auftreten wird durch das Zusammenspiel von Körpersprache und verbaler Sprache bestimmt. Dabei übernimmt die Sprache des Körpers die Hauptrolle.

2 Kommunikationsmodelle

Kommunikation ist so vielfältig, wie wir Menschen es sind. Fortwährend entstehen immer neue Möglichkeiten für unser Kommunizieren. So traten in den letzten Jahren z. B. der Mobilfunk und die Internetkommunikation neben die üblichen Vernetzungsmittel. Die Formen der Kommunikation beschäftigen die Menschen und werden immer weiter entwickelt.

Noch vielfältiger als die Formen sind die Theorien der Kommunikation. Auch hier wird geforscht, es werden Thesen aufgestellt und Neuerungen entwickelt. Warum reagieren wir Menschen auf bestimmte Reizworte? Mit welchem Ohr hören wir? Welche Einstellung ist gewinnbringend? Wie können wir unser Gedächtnis schulen oder unser Denken überlisten, damit Kommunikation erfolgreich wird? Fragen über Fragen, denen wir im Folgenden auf der Spur sind. Hilfreich hierfür sind Strategien und Kommunikationsmodelle, die aufgrund psychologischer Hintergründe fundiert entwickelt und praktiziert werden. Nachfolgend werden die Ausgangspunkte verschiedener Kommunikationsmodelle vorgestellt, die als Wissensgrundlage zur kompetenten Gesprächsführung mit Eltern dienen. Durch diese Vielfalt kann sich jede Leserin und jeder Leser das Wissen herausfiltern, das seiner Persönlichkeit, den individuellen Denkansätzen und der jeweiligen Situation entspricht.

Kommunikationsmodelle sind komplex und nur dann wirkungsvoll, wenn sie mit Überzeugung vertreten werden. Es ist immer von Vorteil, mehrere wissenschaftlich entwickelte Modelle zu kennen und auszuprobieren, um das eigene Modell mit Inhalten zu füllen.

2.1 Das Vier-Ohren-Modell

Prof. Dr. Friedemann Schulz von Thun (*1944) entwickelte das „Vier-Ohren-Modell". Diesem Modell liegt die Vielseitigkeit – oder besser: die „Vier-Seitigkeit" – der menschlichen Kommunikation zugrunde. Schulz von Thun hat dieses Modell, das mit einem Quadrat veranschaulicht wird, das diese Vier-Seitigkeit darstellt, unter Berücksichtigung verschiedener psychologischer Ansätze entwickelt, u. a. von Paul Watzlawick, Fritz Pearls und Carl Rogers (vgl. Schulz von Thun, 1981, S. 13).

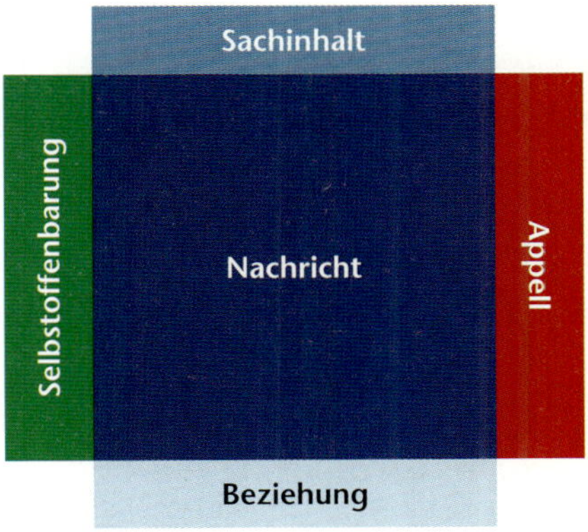

Das Senden von Nachrichten

Schulz von Thun gliedert das Senden von Nachrichten in vier Aspekte. Diese Aspekte des Sendens von Nachrichten werden in einem Quadrat veranschaulicht, das diese vier Seiten einer Nachricht verdeutlicht:

Mithilfe dieses Quadrats können sowohl das Kommunikationsverhalten des Senders als auch die Reaktion und die Verhaltensweise des Empfängers analysiert werden.

Aus Sicht des Senders kann das „Vier-Ohren-Modell" folgendermaßen angewandt werden:

Beispiel: *Eine Erzieherin sagt zu einer Mutter: „Geben Sie Ihrem Kind morgen bitte einen Rucksack mit dem aufgeschriebenen Inhalt zum Ausflug mit!"*

- *Sachinhalt: Dein Kind benötigt bestimmte Dinge für den morgigen Ausflug.*
- *Selbstoffenbarung: Ich möchte, dass das Kind den Ausflug optimal erleben kann, deshalb braucht es diesen Rucksack mit dem vorgegebenen Inhalt.*
- *Beziehungsinhalt: Ich traue dir nicht zu, dass du dein Kind von selbst optimal für den Ausflug versorgst.*
- *Appell: Gib deinem Kind morgen die aufgeschriebenen Sachen mit.*

Das Empfangen von Nachrichten

Wenn beim Senden von vier Aspekten ausgegangen wird, so wird diese Nachricht ebenfalls hinsichtlich dieser vier Inhalte empfangen. Der Sender filtert beim Empfangen dieser Nachricht die Ebene heraus, die „sein Ohr" aufnimmt. Welches Ohr das ist, kommt wiederum auf die Persönlichkeit, die Situation und den Zustand der Person an. Die vier Ohren zum Empfangen einer Nachricht sind:

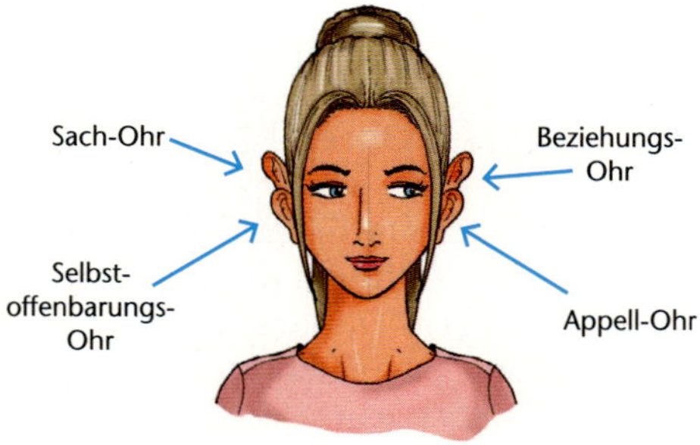

- das Sach-Ohr,
- das Beziehungs-Ohr,
- das Selbstoffenbarungs-Ohr und
- das Appell-Ohr.

Aus Sicht des Empfängers gestaltet sich das „Vier-Ohren-Modell" folgendermaßen:

Beispiel: *Eine Erzieherin sagt zu einer Mutter: „Geben Sie Ihrem Kind morgen bitte einen Rucksack mit dem aufgeschriebenen Inhalt zum Ausflug mit!"*

- *Sach-Ohr: Diesen Inhalt benötigt mein Kind morgen.*
- *Selbstoffenbarungs-Ohr: Die Erzieherin ist besorgt, dass die Kinder morgen unzureichend ausgestattet sind.*

- *Beziehungs-Ohr: Die Erzieherin traut mir nicht zu, dass ich mein Kind angemessen für den Ausflug ausstatte.*
- *Appell-Ohr: Ich gebe meinem Kind die vorgeschriebenen Dinge für den morgigen Ausflug mit.*

Das Wissen um diese vier Aspekte des Sendens und die „vier Ohren" des Empfangens werden im folgenden Beispiel nun auf die Situation eines Elterngesprächs übertragen.

Beispiel: *Die Erzieherin Katharina Winter sagt zu Frau Müller: „Ich habe gestern die Liste für das Eltern-Kind-Frühstück aufgehängt. Was möchten Sie am Samstag mitbringen?"*

Katharina Winters vier inhaltliche Aspekte des Sendens:
Sachinhalt: *„Die Liste ist noch ziemlich leer, Sie haben sich noch nicht eingetragen."*
Beziehungsinhalt: *„Sie denken vielleicht nicht von alleine daran, sich einzutragen!"*
Selbstoffenbarung: *„Ich bin besorgt, dass wir zu wenig Essen und mangelnde Beteiligung bei unserem Frühstück haben!"*
Appell: *„Bitte tragen Sie sich verbindlich in die Liste ein!"*

Frau Müller hört mit den vier Ohren zu und antwortet entsprechend:
Sach-Ohr: *„Was fehlt denn noch zu einem abwechslungsreichen Frühstück? Was könnte ich zu einer sinnvollen Ergänzung noch mitbringen?"*
Beziehungs-Ohr: *„Ich weiß, dass ich schon einmal vergessen habe, etwas für das gesunde Frühstück beizusteuern. Aber diesmal vergesse ich es nicht. Wenn ich mich nicht sofort eintrage, bedeutet das nicht, dass ich mich vor dem Mitbringen drücke!"*
Selbstoffenbarungs-Ohr: *„Sie sind besorgt, dass wir nicht genügend zu essen haben. Sie sind eine sehr fürsorgliche Erzieherin, Frau Winter!"*
Appell-Ohr: *„Ich bringe am Samstag einen Obstsalat und Brezeln mit! Das trage ich jetzt gleich ein!"*

Impuls für die Praxis

Das Ziel dieser Übung ist die sachliche Rückmeldung über verbalisierte Aussagen.

Ein/-e Teilnehmer/-in überlegt sich einen Satz aus dem Praxis-Alltag. Es werden vier Stühle aufgestellt, auf jedem dieser Stühle liegt ein beschriftetes Ohr aus Papier: ein Sach-Ohr, ein Beziehungs-Ohr, ein Selbstoffenbarungs-Ohr, ein Appell-Ohr.

Auf jedem Stuhl nimmt ein/-e Teilnehmer/-in Platz. Wenn es mehr Teilnehmer/-innen gibt, kann sich der Rest der Gruppe um die Stühle herum stellen. Der/die Teilnehmer/-in sagt seinen/ihren zuvor zurechtgelegten Satz und überlegt, welche vier Inhalte das Sendens er/sie vermittelt hat. Diese fixiert er/sie schriftlich. Anschließend äußern die vier „Ohren", was sie gehört haben, und vergleichen ihre Wahrnehmung mit den Inhalten des Senders. Geben Sie dem Sender Feedback: „Wie könnte er klarer verbalisieren?", „Welche Appelle kamen im Sinne des Senders an?"

Anschließend werden die Rollen und auch die „Ohr"-Gruppen getauscht.

2.2 Transaktionsanalyse

Der Psychoanalytiker Eric Berne (1910–1970) entwickelte ab 1950 die „Transaktionsanalyse", die unter anderem das Konzept der „Ich-Zustände" beinhaltet. Das im Folgenden sehr vereinfacht dargestellte Konzept dieser drei Zustände ist ein Teil der komplexen Transaktionsanalyse.

Der Blick auf dieses „Zustandsmodell" hilft dabei, in Gesprächen die eigenen Reaktionen zu analysieren, zu beeinflussen und zu verändern. Zu wissen, in welchem Zustand wir uns während des Gesprächs befinden und in welchem Zustand unser Gegenüber agiert, ist für gelingende Gespräche gewinnbringend.

Die drei Ich-Zustände

Die drei Zustände des Ichs nach Eric Berne werden folgendermaßen charakterisiert:

- Eltern-Ich-Zustand: Reagieren und Agieren durch Verhaltensweisen, die wir mit und durch Elternfiguren erlebten.
- Erwachsenen-Ich-Zustand: Reagieren und Agieren in der aktuellen Situation und dem momentanen Kontext.
- Kind-Ich-Zustand: Reagieren und Agieren mit Verhaltensmustern aus der Kindheit.

(vgl. Stewart/Joines, 2004, S. 34)

Diese drei Zustände zeigen sich in charakteristischen Verhaltensweisen:

Genauso charakteristisch wie die Ich-Zustände sind auch die Reaktionen in Gesprächen im Wechselspiel dieser Ichs. So zielt eine Aussage aus dem Eltern-Ich bei dem Gegenüber ins Kind-Ich. In diesem wechselseitigen Prinzip ruft eine Aussage aus dem Kind-Ich bei dem/der Gesprächspartner/-in eine Reaktion des Eltern-Ichs hervor. Eine Aussage aus dem Erwachsenen-Ich ruft bei dem/der Gesprächspartner/-in meist ebenfalls eine Aussage im Erwachsenen-Ich vor.

Wie unterschiedlich wir im Eltern-Ich und im Kind-Ich handeln, hängt von unseren bisherigen Erfahrungen und unserer Persönlichkeit ab. Reagieren wir auf ein befehlendes Eltern-Ich schüchtern oder trotzig? Antworten wir auf eine bittende Frage eher bemutternd oder dominant? Die Antworten schließen sich aus unseren bisherigen Verhaltensmustern und der Rückmeldung, die wir dafür bekamen.

Eltern-Ich ↔ Kind-Ich

Erwachsenen-Ich ↔ Erwachsenen-Ich

Beispiel: *Ein Gespräch unter Kolleginnen: „Katharina, mir fällt auf, dass du auf Herrn Müllers Forderungen immer sofort reagierst. Wie wäre es, wenn du erst einmal abwartest und ihn die Straßenschuhe gemeinsam mit seiner Tochter Sofia beim Abholen suchen lässt? Nach einiger Zeit kannst du ihm ja immer noch helfen. Schließlich hast du in der Zeit auch die Verantwortung für die Gruppe." Katharina antwortet: „Du hast recht, Silke. Ich werde demnächst darauf achten. Danke für die Rückmeldung."*
Katharina überlegt: „Warum reagiere ich bei Herrn Müller prompt, während ich andere Eltern ermuntere, gemeinsam mit ihrem Kind die Straßenschuhe zu suchen, wenn sie wieder einmal nicht am Platz sind?" Katharina stellt sich Herrn Müller vor. Er hat eine ähnlich tiefe Stimme wie ihr Vater. Auch bei ihm musste sie sofort reagieren, dies wurde von ihr erwartet. Diese Assoziation ruft in Katharina ein schüchternes Verhalten hervor.
Als Katharina Herrn Müller das nächste Mal auffordert, die Schuhe mit Sofia zu suchen, reagiert er – anders als Katharinas Vater damals – verständnisvoll und freundlich. Sie reflektiert dies und ist froh über diese Erkenntnis und die Rückmeldung ihrer Kollegin.

Der Nutzen des Ich-Zustand-Modells

Was nützt uns nun dieses Wissen um das „Ich-Zustand-Modell" in Elterngesprächen? Dieses Wissen lässt uns in herausfordernden Situationen so reagieren, dass wir ein Gespräch von der persönlichen Ebene auf eine professionelle sachliche Ebene transportieren können.

Beispiel: *Eine Mutter ruft barsch: „Sehen Sie sich bitte mal die schmutzige Hose meines Kindes an!"*
Erzieherin antwortet schüchtern: „Ja natürlich, ich komme gleich!"
Daraufhin die Mutter: „Sehen Sie das? So eine schmutzige Hose möchte ich nicht mehr sehen, wenn ich zum Abholen komme."
Erzieherin antwortet schüchtern: „Ich werde im Garten auf Ihr Kind aufpassen!"
Die Mutter antwortet: „Ich verstehe, dass Sie nicht auf alle Kinder permanent ein Auge haben können. Aber dieser Schmutz muss doch auch nicht sein, oder?"
Die Erzieherin nickt schüchtern.

Dominantes Eltern-Ich → Schüchternes Kind-Ich → Dominantes Eltern-Ich → Schüchternes Kind-Ich → Bemutterndes Eltern-Ich

Der Kreislauf zwischen dem Eltern-Ich und dem Kind-Ich bleibt geschlossen.

Beispiel
Mutter ruft barsch: „Sehen Sie sich bitte mal die schmutzige Hose meines Kindes an!"
Erzieherin antwortet trotzig: „Wollen Sie, dass die Kinder nur noch im Haus spielen?"
Daraufhin die Mutter: „Nun übertreiben Sie nicht so! Ich will aber nicht jeden Tag waschen!"

Dominantes Eltern-Ich → Trotziges Kind-Ich → Dominantes Eltern-Ich

Der Kreislauf zwischen dem Eltern-Ich und dem Kind-Ich bleibt geschlossen.

Beispiel
Mutter ruft barsch: „Sehen Sie sich bitte mal die schmutzige Hose meines Kindes an!"
Erzieherin antwortet sachlich: „Ich sehe den Schmutz. Vielleicht könnten Sie Ihrem Kind eine Matschhose oder eine Gartenhose mitgeben, die es anzieht, bevor wir in den Garten gehen. Was halten Sie davon?"
Mutter antwortet: „Eine Gartenhose erscheint mir eine vernünftige Lösung. Ich bringe morgen eine mit."

Dominantes Eltern-Ich → Erwachsenen-Ich → Erwachsenen-Ich

Der Kreislauf wird unterbrochen und das Gespräch wird auf die Erwachsenen-Ebene transportiert.

Indem die Erzieherin sachlich antwortet, befindet sie sich im Erwachsenen-Zustand. Mit diesem Wechsel bietet sie der Mutter an, ebenfalls im Erwachsenen-Zustand zu agieren. Im professionellen, zielführenden Handeln ist eben genau dieses Bewusstmachen gefragt. Ein innerliches „Stopp! Ich beende das Spiel zwischen Kind-Ich und Eltern-Ich" ruft den Wechsel auf die sachliche, rationale Erwachsenen-Ebene hervor.

Nun besteht die Gefahr, dass wir diese drei Ich-Zustände wertend beurteilen. Deshalb sei darauf hingewiesen, dass wir alle drei Zustände situationsabhängig benötigen:

- das Eltern-Ich, um richtungweisende Aussagen zu treffen und den eigenen Standpunkt zu vertreten, z. B.: „Ich finde es wichtig, den Kindern Werte wie Teamfähigkeit zu vermitteln. Darüber diskutiere ich auch nicht!"
- das Erwachsenen-Ich, um sachlich und professionell zu agieren und sich darzustellen, z. B.: „Es haben sich 65 Erwachsene für das Sommerfest angemeldet. Deshalb stelle ich zur Diskussion, die Veranstaltung bei Regen in der großen Mehrzweckhalle nebenan zu planen."
- das Kind-Ich, um spontan und kreativ Argumente abzuwägen und neue Perspektiven zu finden, z. B.: „Die Sonne scheint, der Tag war lang – was haltet ihr davon, wenn wir uns die Teambesprechung mit Eis versüßen?"

Impuls für die Praxis

Testen Sie Ihr Wissen um die drei Ich-Zustände und die Reaktionen des Gegenübers. Nehmen Sie sich einen Schokoriegel und lassen Sie Ihr Gegenüber sich ebenfalls einen Schokoriegel oder etwas ähnlich Attraktives aussuchen. Dann tauschen Sie die Gegenstände.

Versuchen Sie nun, „Ihren" Gegenstand zurückzugewinnen, indem Sie die Facetten der drei Ich-Zustände spielen: im autoritären Eltern-Ich, im bettelnden oder ideenreichen Kind-Ich und im sachlich-argumentativen Erwachsenen-Ich.

Wann bekommen Sie von Ihrem Gegenüber den Schokoriegel wieder? Achten Sie dabei auf die verbalen und nonverbalen Reaktionen Ihres/-r Gesprächspartners/-in.

2.3 Neurolinguistisches Programmieren (NLP)

Neurolinguistisches Programmieren – Kurzform NLP – bietet dem Anwender ein komplexes System, um Kommunikation und Verhaltensweisen zu analysieren und zu verändern – bei sich selbst und seinem Gegenüber. Die Kunst das NLP zu perfektionieren und hoch effektiv anzuwenden, erfordert sehr viel Wissen, ein hohes Maß an Verantwortung und noch mehr Übung.

Im Nachfolgenden wird eine Grundlage dieser Technik aufgezeigt, die uns Erklärungen für Verhaltensmuster der zwischenmenschlichen Interaktion und Grundlagen für gelingende Gespräche bietet.

> NLP ist ein Modell davon, wie Individuen ihre einzigartigen Lebenserfahrungen strukturieren. Es ist nur eine Möglichkeit, die phantastische und wunderbare Komplexität menschlichen Denkens und menschlicher Kommunikation zu betrachten und zu organisieren.

(O'Connor/Seymour, 2003, S. 18)

NLP entstand in den Jahren nach 1970 in Amerika durch den Linguistik-Professor John Grinder und den Psychologie-Studenten Richard Bandler. Diese beiden erforschten das Zusammenspiel von Sprache und neurologischen Prozessen. Dabei nahmen sie Werk und Arbeit von drei der bekanntesten Therapeuten als Grundlage: Virginia Satir (Familientherapeutin), Fritz Pearls (Gestalttherapeut) und Milton Erikson (Hypnosetherapeut).

Wie die Zusammensetzung der therapeutischen Richtungen verdeutlicht, wird im NLP auf individuelle Erfahrungen, die menschliche Gesamtheit sowie unterbewusste Denkweisen eingegangen.

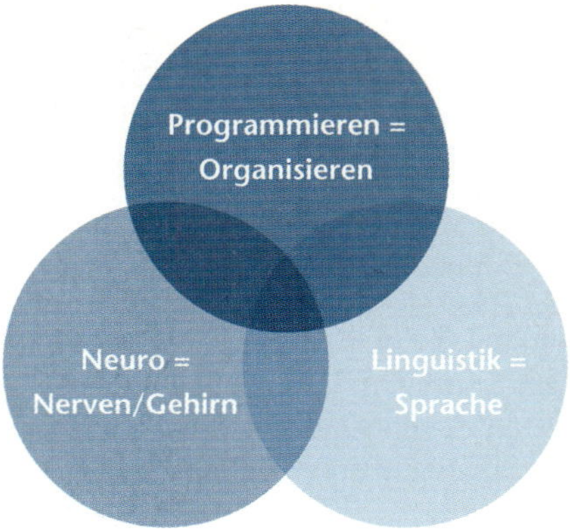

Eben dieses Zusammenspiel von Neuro (Nerven/Gehirn), Linguistik (Sprache) und Programmieren (Organisieren) beschäftigt uns in der zwischenmenschlichen Kommunikation. Wie bereits erwähnt ist das Modell des NLP komplex und es benötigt mehrere Ausbildungen, um es in seiner Ganzheit und somit im therapeutischen Sinne anwenden zu können. Dies ist bei Elterngesprächen ja auch nicht unser Ziel. Unser Ziel ist es vielmehr, den anderen zu verstehen, um auf ihn eingehen zu können und ihn anzuleiten, damit er für sich und vor allem für sein Kind bestmögliche Handlungsweisen ausübt.

Die zehn Grundsätze des NLP

Um etwas bewirken zu können, ist es hilfreich, unserem Gegenüber zu signalisieren, dass wir bereit sind, sein Modell von der Welt kennenzulernen. Diese Bereitschaft drückt Interesse an der Person aus und dies wiederum ist die Basis einer stabilen, professionellen Beziehung. Wenn wir dadurch das Vertrauen unseres Gegenübers gewinnen, so fällt es ihm leichter, unsere Anleitung im Sinne von Tipps und Anregungen anzunehmen.

Als Grundlage dieses Verständnisses von zwischenmenschlicher Interaktion dienen hierbei zehn NLP-Grundsätze:

1. Menschen orientieren sich in der Welt nach ihrer individuellen mentalen Landkarte von der Welt.

(Schwarz/Schweppe, 2003, S. 18)

Jeder Mensch hat aufgrund seiner Erfahrungen, seinem Umfeld, seinen Genen und Anlagen eine innere Landkarte angelegt. Diese Landkarte entwickelt sich ständig weiter, weist ihm die Richtung und lässt ihn reagieren, gibt ihm aber auch Sicherheit. Um einen Einblick in die Karte unseres Gegenübers zu bekommen, hilft es uns, im Gespräch den bevorzugten Sinneskanal festzustellen.

2. Die beste Karte ist diejenige, die am meisten Wege zeigt.

(Schwarz/Schweppe, 2003, S. 18)

Ziel ist es, einen möglichst komplexen Einblick in diese „Karte“ zu bekommen. So können wir gemeinsam neue Wege entwickeln, weitere Strategien aufzeigen und die neuen Wege nach ihrer Zielführung überprüfen.

Um eine Karte zu erweitern, d. h. neue Wege und Perspektiven aufzuzeigen mit der Absicht, dass diese in die Landkarte eingefügt und von dessen Besitzer angewandt werden, müssen wir die bisherige Karte kennenlernen und akzeptieren. Um dies in einem Gespräch zu signalisieren, ist hier wiederum das „Spiegeln“ sinnvoll. Möchten wir dann das Verhalten unseres Gegenübers erweitern und für neue Perspektiven öffnen, so verändern wir im Laufe des Gesprächs unsere Körperhaltung und Sprachmuster. Im Idealfall nimmt der/die Gesprächspartner/-in Teile dessen ebenso an.

3. Jedem Verhalten liegt eine positive Absicht zugrunde.

(Schwarz/Schweppe, 2003, S. 18)

Jedes Verhalten hat einen Kontext, in dem es für den Anwender nützlich ist oder war. Auch hier gilt es, diesen Zusammenhang durch interessiertes Fragen herauszufinden. In welchem Zusammenhang war dieses Verhalten positiv oder sogar überlebensnotwendig? Wann bekam unser Gegenüber eine positive Reaktion auf dieses Verhalten? Um diese Fragen zu klären, hilft es, den/die Gesprächspartner/-in zu fragen: „Wann haben Sie eine ähnliche Situation schon einmal erlebt?“

4. Jede Erfahrung hat eine Struktur.

(Schwarz/Schweppe, 2003, S. 18)

Erfahrungen werden nach einer bestimmten Struktur abgespeichert – als ganzheitliche Wahrnehmung: Mit welchen Sinnen erlebten wir diese Erfahrung? Was empfanden wir dabei? Mit wem oder was verbinden wir das Erlebnis?

5. Für jedes Problem gibt es eine Lösung.

(Schwarz/Schweppe, 2003, S. 18)

Hierbei gilt es, die Lösung in Teilschritten zu erarbeiten. Wir gliedern das Problem in einzelne Teile auf. Dadurch wird es einfacher, für jedes Teilchen oder jeden Aspekt eine Lösung zu finden. Diese Lösung gilt es unter Einsatz der sinnesspezifischen Möglichkeiten zu finden und zu erarbeiten. Wichtig ist auch hier, diese Lösung daraufhin zu überprüfen, ob sie wirklich den erwünschten Erfolg gebracht hat: „Wie geht es Ihnen, seitdem Sie diese Lösung anwenden?"

6. Jeder Mensch verfügt über alle Kräfte, die er braucht.

(Schwarz/Schweppe, 2003, S. 18)

Alle Ressourcen, die wir benötigen, um auch herausfordernde Situationen für uns angemessen zu bewältigen und dementsprechend reagieren zu können, haben wir bereits in uns. Eine Hilfe hier kann sein, sich an ein schwieriges Gespräch oder eine herausfordernde Situation zu erinnern und dabei zu überlegen: Welche Stärken habe ich hier gehabt? Die Kunst ist es nun, diese Ressourcen auf die aktuelle Situation zu übertragen und einzusetzen.

7. Körper und Geist sind Teile eines Systems.

(Schwarz/Schweppe, 2003, S. 18)

Der Mensch muss immer ganzheitlich betrachtet werden. Die Denkweise des Gehirns und die Ausdrucksweise des Körpers spielen zusammen und werden als eine Einheit betrachtet. Manchmal drückt der Körper etwas aus, was im Geiste verankert ist und im Unterbewusstsein liegt. Aus irgendwelchen Gründen ist es für die Person aber unmöglich, das Erlebte auszusprechen. Durch das Spiegeln der Körperhaltung können wir erahnen, in welcher Lage sich unser/-e Gesprächspartner/-in befindet. Durch das Spiegeln der Sprache oder einzelner Worte bekommt unser Gegenüber nochmals seine Aussagen wiederholt und kann so reflektieren, ob das Verbalisierte wirklich seiner Meinung entspricht.

In der Beobachtung muss deshalb immer die Gesamtheit des Menschen im Vordergrund stehen: „Was nehme ich am Äußeren meines Gegenübers wahr? Welche Verhaltensweisen beobachte ich? Welche verbalen Inhalte stelle ich fest?"

8. Die Bedeutung jeder Kommunikation liegt in ihrem Ergebnis.

(Schwarz/Schweppe, 2003, S. 18)

Die Wichtigkeiten oder Nebensächlichkeiten eines Gesprächs erkennen wir am Ergebnis. Bei kommunikativen Missverständnissen wird das Ergebnis ein anderes sein als bei einem Gespräch auf einer Wellenlänge: „Auf welche Aussagen reagiert mein Gegenüber? Bin ich mit dem Ergebnis des Gesprächs zufrieden?"

9. Es gibt kein Scheitern, sondern nur Rückmeldungen.

(Schwarz/Schweppe, 2003, S. 18)

In der Kommunikation nach dem NLP-Modell gibt es kein richtig oder falsch. Es gibt Signale oder Aussagen, die unser Gegenüber uns rückmeldet. Sind diese in unseren Augen positiv und ergebnisorientiert, so erscheint uns die Kommunikation gelungen. Im umgekehrten Fall ist unser kommunikatives Verhalten kontraproduktiv.

„Ich verstehe nicht, was Sie meinen!", könnte im besten Falle eine Rückmeldung von einem/-r Gesprächspartner/-in lauten, der die Inhalte unserer Aussagen nicht deuten kann. In anderen Fällen kommt es zu Missverständnissen, da wir die Rückmeldung als undeutlich empfinden: „Wieso benimmt sich mein Gegenüber kontraproduktiv? Habe ich mich unverständlich ausgedrückt?"

10. Wenn etwas nicht funktioniert, versuche etwas anderes.

(Schwarz/Schweppe, 2003, S. 18)

Auch hier verdeutlicht die Reaktion unseres/-r Gesprächspartners/-in, ob ihn unsere Form der Kommunikation erreicht hat. Wenn wir an seiner Reaktion wahrnehmen, dass er etwas anderes verstanden hat, als wir vermittelt haben, so ist eine andere Art der Vermittlung gefragt. Diese spricht einen bevorzugten Sinneskanal an oder ist seinem Sprachverständnis ähnlicher. Vermittelnde Kreativität ist hier gefragt!

Im folgenden Beispiel werden alle Grundsätze exemplarisch angewandt.

Beispiel: *Erzieher Sven Sommer besuchte bereits einige Kommunikationskurse auf NLP-Basis. Heute führt er ein Entwicklungsgespräch mit Frau Müller, deren siebenjähriger Sohn Yannick seit drei Monaten in den Hort geht.*

„Guten Tag, Frau Müller. Bevor ich mit meinen Beobachtungen über Yannick beginne, möchte ich Sie fragen, wie Sie den Hort-Besuch von Yannick ***sehen****? Was* ***hören*** *Sie von Yannick über seinen Aufenthalt bei uns im Hort und wie* ***empfinden*** *Sie seine Hort-Berichte?"*
(Diese Frage umfasst drei Sinneskanäle und beinhaltet – was zunächst verwirrend sein mag – drei Fragen gleichzeitig. Diese Verwirrung veranlasst Frau Müller, ihre Aussage über den ihr bevorzugten Sinneskanal zu tätigen. Die Absicht: Die Landkarte kennen lernen und sich an ihr orientieren.)

*Susanne Müller antwortet: „Ich **sehe**, dass sich Yannick positiv entwickelt. Am Anfang sah er seine Hausaufgaben noch als freiwillig an, doch nun **beobachte** ich, dass er sie meistens sorgfältig erledigt hat. Als besonders positiv **empfinde** ich die Freundschaft mit Emil. Er hat erzählt, dass er jetzt während der Hausaufgabenzeit neben ihm sitzen darf. Funktioniert das?"*
„Ich empfinde diese Freundschaft zwischen Yannick und Emil auch als positiv", antwortet Sven Sommer.
(Er spiegelt die Worte und begibt sich somit auf eine Ebene mit Frau Müller. Er konnte schon zwei bevorzugte Sinneskanäle und somit mehrere Wege ihrer Landkarte erkennen.)

„Es funktioniert gut, denn sie helfen und ergänzen sich gegenseitig bei den Hausaufgaben. Einmal kam es vor, dass Yannick zusätzlich die Hausaufgaben von Emil in Mathe gemacht hat. Das geht natürlich nicht. Aber Yannick wollte seinem Freund, der an diesem Tag noch eine zusätzliche Aufgabe machen musste, helfen", erklärt er.
(Jedem Verhalten liegt eine positive Absicht zugrunde.)

„Ich kann beobachten, dass Yannick immer wieder Kindern seiner Klasse bei einer Aufgabe helfen möchte. Wenn sich ein Kind meldet, weil es unsere Unterstützung braucht, geht Yannick zu dem Kind und fragt: ‚Brauchst du Hilfe?' Die Kinder nehmen seine Unterstützung an, aber Yannick vergisst dabei seine Aufgaben oder er braucht doppelt solange für seine Hausaufgaben wie beispielsweise Emil", berichtet Sven Sommer weiter.

„Dieses Verhalten kenne ich. Zu Hause wendet er das an, da er seine jüngere Schwester Sofia unterstützen musste, solange ich mit meinem jüngsten Sohn Paul beschäftigt war. Dieses Verhalten hat er wohl so gespeichert, dass er es auch im Hort anwendet", antwortet Frau Müller.
(Jede Erfahrung hat eine Struktur.)

„Ich werde mit ihm darüber sprechen", verspricht sie.
„Ja, es wäre gut, wenn Sie auch nochmals mit ihm darüber sprechen. Wir haben ihm jetzt immer unseren Konzentrationsteddy auf die Schulter gelegt. Mit ihm klappt das Sitzenbleiben ganz gut", erklärt Sven Sommer.
(Für jedes Problem gibt es eine Lösung.)

„Es ist trotzdem wichtig, seine Konzentration noch weiter zu unterstützen. Gibt es eine freie halbe Stunde oder einen Zeitpunkt, an dem Sie ausschließlich Zeit für Yannick haben, Frau Müller?" Frau Müller verschränkt die Hände und nimmt einen überlegenden Gesichtsausdruck an.
(Körper und Geist sind Teile eines Systems.)

Sven Sommer fragt nach: „Gab es in der letzten Woche einen Zeitpunkt, an dem die Geschwister beschäftigt waren und Sie nur Zeit mit Yannick verbracht haben?" Frau Müllers Gesicht erhellt sich und ihre Körperhaltung wirkt offen. „Ja! Am Sonntagvormittag radelt mein Mann immer mit den beiden jüngeren Kindern auf den Spielplatz. Yannick wünscht sich immer, dass ich mit ihm das Rennfahrer-Puzzle mache. Ich bin nämlich die Einzige, die so viel Geduld wie er besitzt!"
(Der Mensch hat alle Kräfte, die er braucht, in sich.)

„Können Sie sich vorstellen, diesen Sonntag mit Yannick zu puzzeln?", fragt der Erzieher und Frau Müller antwortet: „Ja, das kann ich. Ich sehe Yannick schon vor mir, wie er seinem Papa das fertige Rennfahrer-Puzzle zeigt!"
(Die Bedeutung jeder Kommunikation liegt in ihrem Ergebnis.)
Das Gespräch wird fortgesetzt und die weiteren Punkte werden besprochen. Am Ende des Gesprächs sagt der Erzieher: „Eine Bitte habe ich noch an Sie, Frau Müller. Sie sind ja im Elternbeirat. Können Sie das nächste Mal, wenn das Sommerfest geplant wird, sich auch für die Interessen des Hortes einsetzen?"

„Ich verstehe nicht, was Sie damit meinen. Ich setze mich doch immer für die ganze Kita ein!", reagiert Frau Müller.
(Es gibt kein Scheitern, sondern nur Rückmeldungen.)

Der Erzieher überlegt und holt einige Fotos. „Der Elternbeirat kauft mit dem Erlös des Sommerfestes immer etwas für den Garten der Kindertagesstätte. Letztes Jahr kaufte er Dreiräder und Roller, die Sie hier auf den Fotos sehen. Ich wünsche mir, dass dieses Jahr auch etwas für die Schulkinder gekauft wird. Hier habe ich bereits einige Fotos aus Prospekten mit Jongliermaterial oder Einrädern, die sich die Hort-Kinder wünschen."
(Wenn etwas nicht funktioniert, versuche etwas anderes.)

„Ach so, jetzt verstehe ich, was Sie meinen. Gut, dass Sie mich darauf hinweisen. Natürlich denken wir dann dieses Jahr auch an die Hort-Kinder!"
„Vielen Dank! Und sehen Sie sich die Rennbahn an, die Yannick und Emil heute gebaut haben! Auf Wiedersehen, Frau Müller!", verabschiedet sich der Erzieher und Frau Müller verspricht: „Ja, das mache ich! Ihnen auch vielen Dank fürs Gespräch, Herr Sommer!"

Impuls für die Praxis

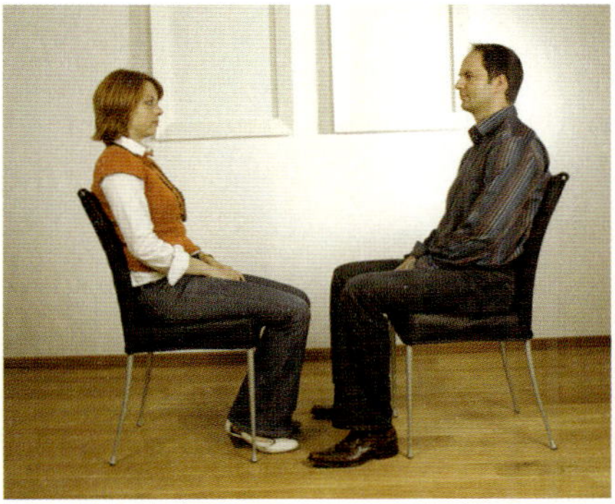

Es empfiehlt sich, zunächst das „Spiegeln" an einer Person zu testen, die Ihnen vertraut ist. Dies kann zum Beispiel ein Kollege sein. Wichtig ist, dass kein allzu bedeutender Inhalt zugrunde liegt, damit wir uns ganz auf das Spiegeln und Führen konzentrieren können.

Eine Person sitzt Ihnen gegenüber. Fragen Sie sie nach einem interessanten Urlaubserlebnis. Während die Person berichtet, achten Sie auf folgende Punkte:

- Nehmen Sie die gleiche Körperhaltung wie Ihr/-e Gesprächspartner/-in ein.
- Fragen Sie nach und benutzen Sie Wörter aus den Erzählungen Ihres Gegenübers.
- Unterstreichen Sie Gesten, indem Sie diese wiederholen.

- Atmen Sie wie Ihr Gegenüber.
- Verändern Sie nach einer Weile Ihre Körperhaltung. Achten Sie darauf, ob Ihr Gegenüber diese Veränderung mitgeht.
- Erweiterung der Sinneskanäle:
  - Welchen bevorzugten Sinneskanal stellen Sie bei den Aussagen Ihres Gegenübers fest? Ist er visuell, auditiv, emotional, riechend oder schmeckend?
  - Fragen Sie nach einem Erlebnis eines „neuen" Sinneskanals. Ihr/-e Gesprächspartner/-in erzählt z. B. sehr visuell: „Ich habe viele Bäume gesehen und das Wasser des Pools war kristallblau!" Fragen Sie daraufhin z. B.: „Was haben Sie in dieser Situation gerochen?"
- Reflektieren Sie anschließend gemeinsam und fragen Sie Ihr Gegenüber: „Wie haben Sie sich während des Gesprächs gefühlt? Hatten Sie das Gefühl, ich höre interessiert zu?"
- Reflektieren Sie danach alleine: „Wie fühlte ich mich beim Spiegeln meines/-r Gesprächspartners/-in? Konnte ich dadurch das Gespräch führen?"

Wiederholen Sie dies mit unterschiedlichen Gesprächspartnern/-innen und Sie werden feststellen, dass das „Spiegeln und Führen" mit der Zeit automatisch funktioniert und Sie somit eine gute Basis für ein verstehendes Gesprächsklima schaffen.

2.4 Gewaltfreie Kommunikation

Dieses Modell basiert auf den Grundlagen der „Gewaltfreien Kommunikation" oder der „Einfühlsamen Kommunikation" von Marshall B. Rosenberg (*1934) und wird von Serena Rust – international zertifizierte Trainerin für Gewaltfreie Kommunikation – in ihrem Buch „Wenn die Giraffe mit dem Wolf tanzt" praktizierbar beschrieben.

> Gandhi hat festgestellt, dass unsere natürliche Fähigkeit des Mitfühlens sich wieder entfaltet, wenn die Gewalt in unserem Inneren nachlässt. In diesem Sinn nennt Marshall Rosenberg seine Methode gewaltfrei.

(Rust, 2007, S. 17)

In diesem Modell werden zwei Tiere als Symbolfiguren verwendet, die charakteristische Kommunikationsstile vertreten: die Giraffe und der Wolf.

Die Giraffe

Die Giraffe hat ein großes Herz und fragt nach ihren eigenen Bedürfnissen und Gefühlen, aber auch nach den Bedürfnissen und Gefühlen der Anderen. Einfühlsam kommuniziert und praktiziert sie in ihrer Welt vier Schritte, um gewaltfrei zu kommunizieren.

1. Schritt: Beobachten – ohne zu bewerten: Was nehmen ich objektiv wahr? Was sehe, höre oder nehme ich wahr, ohne Interpretationen oder Bewertungen einfließen zu lassen? Weshalb möchte ich dieses Gespräch führen?

2. Schritt: Fühlen – ohne zu interpretieren: Welche Gefühle kann ich momentan wahrnehmen? Welche Gefühle löst dies bei dem Gegenüber aus?

3. Schritt: Bedürfnisse – statt Strategien: „Ich handle so, weil dieses Bedürfnis bei mir dahinter steht", könnte eine Erklärung für das aktuelle Handeln sein. Der/die Gesprächspartner/-in bekommt transparent unser Bedürfnis nach z. B. Sicherheit, Wahrheit, Betroffenheit oder Freiheit mitgeteilt, um darauf reagieren zu können.

4. Schritt: Bitten statt fordern: Wir stellen eine konkrete Bitte an den/die Gesprächspartner/-in, die unseren Bedürfnissen entspricht und auf die unser Gegenüber ganz real reagieren kann.

(vgl. Rust, 2007, S. 26)

Ein Beispiel für ein Gespräch mit Giraffenohren
Mutter: „Bitte passen Sie bei dem Ausflug auf meinen Sohn auf!"
Erzieherin in „Giraffensprache": „Ich verstehe Ihre Sorge und ich passe natürlich bei dem Ausflug auf alle Kinder auf!"

Der Wolf

Der Wolf ist argwöhnisch, schiebt anderen die Schuld zu, droht dem Gegenüber und überträgt Verantwortung auf andere. Er filtert das Negative aus dem Gespräch heraus und ist sich und den Anderen gegenüber misstrauisch und unsensibel.

Ein Beispiel für ein Gespräch mit Wolfsohren
Mutter: „Bitte passen Sie bei dem Ausflug auf meinen Sohn auf!"
Erzieherin in „Wolfssprache": „Zweifeln Sie an meiner Kompetenz als Erzieherin? Natürlich passe ich auf alle Kinder auf, aber Ihr Sohn ist jetzt fünf Jahre alt und kann auf sich selbst bei dem Ausflug aufpassen!"

Es ist nicht immer so, dass „Giraffe" und „Wolf" in ihrer Reinform vorkommen. So gibt es Momente, in denen wir als Wolf mit einigen Giraffenqualitäten sowie als Giraffe mit vereinzelten Wolfseigenschaften interagieren (vgl. Rust, 2007, S. 23).

Ohren nach innen und nach außen

Ob wir eher eine giraffen- oder eher eine wolfstypische Haltung einnehmen, liegt an der inneren Einstellung.

Die sogenannten „Ohren nach innen“ fragen nach der inneren Einstellung und wie sensibel wir mit uns selbst umgehen. Die „Ohren nach außen“ fragen nach der Einstellung, die wir bei unserem Gegenüber wahrnehmen.

Wir haben die Wahl, mit welchen Ohren wir hören und welche Haltung wir uns selbst und unserem/-r Gesprächspartner/-in gegenüber einnehmen.

Damit habe ich insgesamt vier innere Haltungen zur Auswahl:

Wolfsohren nach außen – entspricht der Haltung: „Mit dir ist etwas nicht okay!“

Wolfsohren nach innen – entspricht der Haltung: „Mit mir ist etwas nicht okay!“

Giraffenohren nach innen – entspricht der Haltung: „Was fühle ich? Was brauche ich?“

Giraffenohren nach außen – entspricht der Haltung: „Was fühlst du? Was brauchst du?“

(Rust, 2007, S. 57)

Es ist also eine Frage der inneren Haltung und Einstellung, die uns einfühlsam und offen reagieren lässt. Zur Reflexion und Selbstüberprüfung können wir uns folgende Fragen bezüglich unserer inneren Haltung stellen:

- Wie fühle ich mich heute?
- Welche Gefühle sind gerade vordergründig und beeinflussen somit meine Gesprächsbereitschaft?
- In welchem Ton spreche ich selbst mit mir?
- Sollte meine innere Haltung heute sehr „wolflastig“ sein, so frage ich mich: Was versetzt mich in einen guten Zustand? Was bereitet mir ein gutes Gefühl?
- Welche Haltung nehme ich an meinem/-r Gesprächspartner/-in wahr?
- Wie lautet die wirkliche Aussage, die ich meinem Gegenüber vermitteln möchte? Welches Bedürfnis steckt hinter dieser Aussage?
- Was konkret bitte ich, den anderen zu tun?

Beispiel: *Erzieherin Silke Herbst bereitet gerade das gemeinsame Frühstück mit den Kindern ihrer Gruppe zu, als Frau Müller ihren Sohn Paul in die Krippe bringt. „Guten Morgen, Frau Herbst. Wir sind heute etwas spät dran, weil Paul solange für sein Frühstück gebraucht hat, Yannick noch seinen Schulranzen packen musste und Sofia ihre Turnsachen gesucht hat. Ein typischer Morgen also", erklärt die Mutter. Silke Herbst denkt: „Na das sind ja mal ganz originelle Ausreden!" und sagt: „Frau Müller, das ist schon das dritte Mal diese Woche. Paul findet ganz schwer ins Freispiel, wenn er so spät kommt. Das habe ich Ihnen aber schon erklärt." Frau Müller: „Ja, ich weiß. Aber Sie haben ja keine Ahnung, wie es ist, drei Kinder morgens ausgehfertig zu machen." Daraufhin Silke: „Nein, das weiß ich nicht. Aber andere Mütter schaffen es auch pünktlich!" Frau Müller entgegnet laut: „Aber ..."*
Hier unterbrechen wir die Szene, da die Kommunikation wenig zielorientiert und einfühlsam verläuft.
Drei Stunden später, als alle Krippenkinder ihren Mittagsschlaf halten, denkt Silke Herbst wieder an das Gespräch mit Frau Müller. Es liegt ihr im Magen, da sie Frau Müller schätzt und möchte, dass sie und ihr Kind sich in ihrer Kinderkrippe wohl fühlen. Sie reflektiert: Was konnte ich beobachten? Frau Müller, die außer Atem mit Paul in der Gruppe erschien.
Der Auslöser für unser unschönes Gespräch war, dass Frau Müller ihren Paul gegen 9.15 Uhr brachte, statt wie vereinbart bis spätestens 9.00 Uhr.
Meine Gefühle: Ich war frustriert, da ich dieses Thema bereits drei Mal erklärt habe. Zugleich war ich betroffen und traurig, da es für Paul tatsächlich schwierig ist, in das Spiel zu finden, wenn bereits alle anderen Kinder in eine Spielsituation vertieft sind.
Das Bedürfnis, das hinter meinen Gefühlen steckt: Vermitteln von Struktur zum Wohle der Kinder und das Verantwortungsbewusstsein dem Kind gegenüber.
Meine Bitte: „Bitte, bringen Sie Ihr Kind vor 9.00 Uhr, damit es die Chance auf einen positiven Spielvormittag hat!" Ich biete Frau Müller an, mich mit ihr zusammensetzen, um gemeinsam zu überlegen, wie das konkret machbar ist.
Silke Herbst beendet zufrieden ihre Überlegungen mit dem konkreten Vorhaben, heute Nachmittag in Ruhe mit Frau Müller zu sprechen. Zum Abschluss überprüft sie ihre innere Haltung und bemerkt, dass sie in dem Moment selbst sehr angespannt war. Zum einen musste sie das Frühstück vorbereiten und gleichzeitig auf die Gruppe sehen, da ihre Kollegin heute krank war. Zum anderen

überlegte sie schon, wie sie Paul am besten in die Vormittagssituation noch integrieren kann. Sie hatte das Gefühl der Überforderung und bekam Wolfsohren nach innen: „Ich bin nicht okay!" Als dann Frau Müller kam und die Situation sich noch verschärfte, hörte sie mit ihren Wolfsohren nach außen: „Du bist nicht okay!"
Sie überlegt, wie sie sich vor dem Gespräch mit Frau Müller heute Nachmittag in einen guten Zustand versetzten kann. Ihr fällt die CD mit ihrem Lieblingslied ein, zu der sie und die Kinder gerne tanzen. Nach dem Aufwachen und der gemeinsamen Obstpause am Nachmittag legt sie die CD ein. Bei diesem Tanz lachen die Kinder und bewegen sich gemeinsam mit der Erzieherin. Sie fühlt sich gut und ist froh, auf ihre „Giraffenohren nach innen – Was brauche ich, was fühle ich?" gehört zu haben. In guter Laune nimmt sie Frau Müller wahr, die gerade zum Abholen kommt. Diese sagt kurz: „Hallo!" und wendet sich wieder ab. Silke hört mit ihren „Giraffenohren nach außen – Was brauchst du, was fühlst du?" – und fragt freundlich: „Frau Müller, ich würde gerne mit Ihnen sprechen. Meine Kollegin übernimmt die Gruppe. Darf ich Sie auf eine Tasse Kaffee einladen?" Frau Müller nimmt dankend an: „Ja, gerne, die kann ich heute auch gebrauchen."
Die Erzieherin nimmt die Körperhaltung der Mutter ein und fragt: „Ich verstehe, dass es mit drei Kindern morgens hektisch ist. Woran liegt es genau, dass es so stressig ist?" Frau Müller antwortet: „Paul soll morgens sein Brot und sein Müsli essen, das dauert immer ewig. Ich wecke ihn schon vor seinen Geschwistern auf, doch beim Essen lässt er sich immer viel zu viel Zeit, er kaut minutenlang auf einem Bissen Brot herum. Deshalb kommen wir zu spät."
Daraufhin fragt Silke Herbst: „Und wenn Sie ihm das Brot mit in die Krippe geben? Wir machen um 9.30 Uhr Frühstückspause, dann kann er es da essen. Könnten Sie sich das vorstellen?" Die Mutter überlegt und erwidert: „Ja, das ist eigentlich eine gute Idee."
Die Erzieherin sieht noch Unsicherheit im Blick der Mutter und meint: „Sie könnten natürlich auch ein Wettessen mit den Geschwistern veranstalten!" Frau Müller schüttelt den Kopf und sagt: „Nein, das ist zu viel Trubel für mich morgens. Aber dass Paul das Brot mit in die Krippe nimmt, kann ich mir gut vorstellen."

„Wir probieren das aus. Wie lange geben wir uns, um das auszuprobieren?", fragt die Erzieherin. „Eine Woche. In einer Woche beratschlagen wir nochmals!", schlägt die Mutter vor.

„Gute Idee. Dann hat Paul Zeit, sich daran zu gewöhnen. Mir geht es in erster Linie darum, dass Paul gut ins Spiel findet. Wenn Sie ihn bis 8.45 Uhr bringen, hat er genügend Zeit, sich dem Spielen und seinen Freunden anzuschließen." Susanne Müller meint: „Ja, das leuchtet mir ein."
Zum Schluss stehen beide auf und geben sich die Hand. Die Erzieherin lächelt: „Prima, Frau Müller. Was so eine Tasse Kaffee alles bewirken kann! Auf Wiedersehen, Frau Müller." „Auf Wiedersehen, Frau Herbst. Vielen Dank!", erwidert die Mutter ebenfalls lächelnd.

Web

Dieses Gespräch sehen Sie online als Video-Sequenz (4. Konflikte führen und auflösen).

Impuls für die Praxis

Diese Giraffen- und Wolfsohren-Erfahrung bietet sich für ein Rollenspiel unter Kollegen an.

Das Ziel ist es, die eigenen Gefühle und den Einfluss der inneren Haltung wahrzunehmen. Auf ein Blatt malen Sie einen Wolf, auf ein anderes Papier eine Giraffe. Diese Papiere legen Sie jeweils auf einen Stuhl.

Ein/-e Kollege/-in überlegt sich ein Anliegen. Sie beschließen, mit Wolfsohren zu hören und setzen sich auf den Wolfsstuhl: „Ich bin nicht okay und du bist auch nicht okay!"

Dann kommt der/die Kollege/-in durch die Tür und Sie reagieren typisch nach „Wolfsart": Sie filtern alles Negative aus dem Anliegen heraus und verhalten sich entsprechend.

Anschließend setzen sich auf den Giraffenstuhl und beschließen mit Giraffenohren zu hören: „Was brauche ich, was fühle ich? Was brauchst du, was fühlst du?"

Der/die Kollege/-in kommt wieder mit dem gleichen Anliegen zu Ihnen und Sie reagieren nach Giraffenart: „Was beobachte ich? Welche Gefühle nehme ich wahr? Welches Bedürfnis steckt hinter dem Anliegen und meiner Reaktion? Worum bitte ich ihn?"

Am Ende dieses Spiels reflektieren Sie mit dem Kollegen.

Natürlich kann das Rollenspiel anschließend in vertauschten Rollen wiederholt werden.

3 Strategien in Elterngesprächen

Zu den Strategien in Elterngesprächen zählen zum einen allgemeine Regeln zur gelingenden Kommunikation, zum anderen persönliche Strategien, die aus dem eigenen Erfahrungsschatz stammen. Diese Methoden und Hilfsmittel haben einerseits zum Ziel, die Sicherheit in Gesprächen zu behalten oder auch Gelassenheit zurückzugewinnen. Als zweites Ziel gilt es, uns und unsere/-n Gesprächspartner/-in wertschätzend und souverän durch ein zufriedenstellendes Gespräch zu führen und auf dem zielführenden Weg zu begleiten. Bei der Vielfalt der Gesprächsstrategien und den unterschiedlichen Tipps für gelingende Kommunikation besteht die Möglichkeit, einige auszuwählen, anzuwenden und für sich selbst zu überprüfen.

Auch hier gilt: „Weniger ist mehr!" Beim bewussten Auswählen und Ausprobieren benötigen Sie Geduld und die Konzentration auf wenige Regeln. Mit der Zeit und durch viel Übung automatisieren Sie Ihre persönlichen Kommunikationsstrategien, die für Sie hilfreich sind und auf die Sie eine positive Rückmeldung bekommen.

Den höchsten Gewinn bekommen wir durch die Rückmeldung der Gesprächspartner/-innen. Diese Reaktion ist zunächst wertfrei zu beobachten, um sie dann in der Reflexion zu überprüfen: „Wie empfinde ich diese Rückmeldung?" Ob sie hilfreich, positiv oder eher negativ ist, merken wir an der Antwort der Frage: „Welchen Erfolg bringt diese Reaktion des Gegenübers mir oder meinem/-r Gesprächspartner/-in?"

In diesem Zusammenhang ist jede Reaktion in einem Gespräch positiv, denn: Reagiert unser/-e Gesprächspartner/-in unerwartet, so haben wir die Möglichkeit, eine andere Strategie auszuprobieren und unseren Kommunikationsstil weiterzuentwickeln.

Welche Strategie für den Anwender hilfreich ist, entscheiden die Effektivität der Gesprächsführung, die persönliche Authentizität und die Reaktion des Gegenübers.

3.1 SABRINA

SABRINA ist eine selbstentwickelte Abkürzung für hilfreiche Gesprächsregeln, die für eine gelingende Kommunikation nützlich sind. SABRINA steht für:

- **S**piegeln
- **A**uf der sachlichen Ebene kommunizieren
- **B**odenkontakt
- **R**aum
- **I**ch-Botschaften
- **N**achfragen
- **A**tmen

Jeder Buchstabe steht für ein Kommunikationsmittel, deren Anwendungsreihenfolge nicht chronologisch ist. Vielmehr steht jeder Stichpunkt für ein wichtiges Element der effektiven Kommunikation.

Spiegeln

Wiederholen von Wörtern und Redewendungen, Einnehmen der gleichen Körperhaltung: Dies signalisiert dem/der Gesprächspartner/-in Verständnis und Interesse seines Anliegens und ist ein wichtiger Ausgangspunkt, um effektiv zu kommunizieren und um eventuell dem/der Gesprächspartner/-in im Laufe des Gesprächs eine andere Richtung aufzuzeigen, indem wir die Körperhaltung verändern und das Gespräch um sinnesspezifische Aspekte erweitern.

Eine Umsetzungshilfe
Beobachten Sie sich selbst bei einem Gespräch mit mehreren Personen. Wen spiegeln Sie automatisch? Zu wem bauen Sie innerlich und äußerlich sichtbar somit die intensivste Beziehung auf?

Bei einem Elterngespräch mit mehreren Personen ist es hilfreich, abwechselnd die Gesprächspartner/-innen zu spiegeln. Wenn Sie beispielsweise die Haltung der Mutter angenommen haben und sich mit ihr unterhalten, ist es bei einem Wechsel des/der Gesprächspartners/-in sinnvoll, diese/-n neue/-n Partner/-in zu spiegeln. Nehmen Sie also, wenn Sie sich beispielsweise dem Vater zuwenden, dessen Körperhaltung ein und fragen: „Welche Meinung haben Sie zu diesem Thema?"

Auf der sachlichen Ebene kommunizieren

Bleiben Sie mit Ihren Aussagen auf der sachlichen Ebene. Was habe ich beobachtet? Was sind die konkreten Fakten? Wenn wir unsere Gefühle verbalisieren, müssen wir damit rechnen, dass unser Gegenüber auch auf der emotionalen Ebene kommuniziert. In manchen Fällen gilt es, diese Gefühle zu klären, um die Botschaft der Aussage herauszufiltern, z. B. bei der Erarbeitung einer Strategie oder bei der Hilfe zur Selbsthilfe. Geht es aber um konkrete Informationen oder die Klärung einer Situation, so ist es hilfreich, sachliche Aussagen weiterzugeben.

Eine Umsetzungshilfe
Nehmen Sie ein rotes Wollknäuel, wickeln es ein Stück weit ab und legen es vor sich auf den Boden oder Tisch. Reflektieren Sie nun ein Elterngespräch oder ein Gespräch mit einem Kollegen. Welche Fakten, Daten, konkrete Inhalte und sachliche Informationen/Argumente fielen während des Gesprächs? Filtern Sie den reinen Sachinhalt

heraus und schreiben jedes Stichwort auf ein kleines Blatt. Legen Sie diese der Reihe nach am roten Faden entlang. Anschließend betrachten Sie das Gespräch aus der sachlichen Perspektive, indem Sie sich die Kärtchen laut vorlesen. Was fällt Ihnen auf? Was bildet den roten Faden des Gesprächs? Welches Ergebnis oder welche Bitte schlagen Sie Ihrem/-r Gesprächspartner/-in auf der sachlichen Ebene vor?

Sie können dies auch anhand eines Bilderbuches oder einer Geschichte durchführen. Welche Sachinhalte und Informationen enthält die Geschichte? Was ist das Fazit oder das Ziel der Geschichte?

Bodenkontakt

Die Beine stehen fest auf dem Boden, auch im Sitzen hat mindestens ein Bein Bodenkontakt – selbst bei übereinander geschlagenen Beinen. Mit einem bodenständigen Stand nehmen wir eine bequeme Haltung ein. Das heißt, die Beine stehen ungefähr hüftbreit auseinander und die Knie können leicht gebeugt sein.

Dieser Bodenkontakt ist wichtig, damit wir während des Gesprächs den Kontakt zur Erde behalten. Stehen oder sitzen wir und haben beide Beine auf dem Boden stehend, so hat unser Körper eine stabile Haltung. Dies strahlt zum einen Ruhe aus und zum anderen bringt uns buchstäblich nichts so leicht aus dem Gleichgewicht.

Eine Umsetzungshilfe

Überprüfen Sie mit Ihrem Team die „Standfestigkeit" Ihrer Position. Stellen Sie sich nach den oben genannten Kriterien in den Raum: mit beiden Beinen hüftbreit auf dem Boden stehend. Führen Sie ein Gespräch mit Ihrem/Ihrer Gesprächspartner/-in, das auch eine Meinungsverschiedenheit oder Auseinandersetzung beinhaltet. Während des Gesprächs berührt ein Dritter immer wieder Ihre Schulter und versucht sanft Sie zu schubsen. Bleiben Sie stehen, so wissen Sie, dass Sie einen idealen Stand haben. Werden Sie wackelig, überprüfen Sie Ihren Stand erneut.

Raum

Welchen Raum nimmt das Gespräch ein? Wie viel Raum benötige ich, um das Gespräch positiv führen zu können? Dieser Punkt beschreibt sowohl die Platzwahl des Gesprächs als auch die Frage nach Nähe und Distanz während der Kommunikation. Wie nah darf der/die Gesprächspartner/-in kommen, damit ich die Möglichkeit habe, die Situation objektiv betrachten zu können?

Eine Umsetzungshilfe

Wählen Sie für sich eine schwarze Figur auf einem Schachbrett aus und setzen Sie die üblichen Regeln des Schachspiels außer Kraft. Sie sind nun die einzige schwarze Figur auf dem Brett und die weißen Figuren sind Eltern oder Kollegen. Geben Sie jeder weißen Figur den Namen des Elternteils oder des/der Kollegen/-in, für die sie steht. Zug um Zug kommt nun jeweils eine Figur nach der anderen an die Reihe. Überprüfen Sie aus der Distanz: Welche Person darf auf das Feld neben

Ihnen? Wie nah darf die jeweilige Figur an Ihre Figur herankommen? Dies überprüfen Sie, indem Sie sich auf die jeweils aktive Figur konzentrieren, sie solange fahren lassen, bis sie die „richtige" Nähe oder Distanz erreicht hat. Anschließend fährt die Figur wieder zurück und die Konzentration fällt auf die nächste Person.

Ich-Botschaften

Aussagen, die die Wörtchen „Ich" oder „Meine" beinhalten, werden verbindlich und drücken etwas Persönliches aus. Jede „Du"- oder „Sie"-Aussage betritt den Bereich des Gegenübers. Eine Ich-Botschaft ist also beispielsweise: „Ich möchte, dass wir morgen einen Gesprächstermin ausmachen." In den Bereich Ihres Gegenübers kommunizieren Sie mit solch einer Aussage: „Sie haben Finn zum wiederholten Male Süßigkeiten in die Brotzeit gepackt. Kommen Sie bitte morgen zu einem Elterngespräch!"

Eine Umsetzungshilfe

Die eigene Meinung kundzutun und zu vermitteln braucht regelmäßige Übung. Überlegen Sie im Vorfeld, welche Werte für Sie und Ihre Arbeit wichtig sind. Formulieren Sie diese Werte für sich in Ich-Botschaften: „Mir ist wichtig ...", „Ich finde es äußerst wichtig ...", „Meine Prioritäten setzte ich ..." Fügen Sie auch eine kurze Begründung hinzu. Überprüfen Sie diese Werte auf den Sachgehalt, Ihre Bedürfnisse und Beobachtungen sowie Ihre Erwartungen an andere. In einer ruhigen Minute oder Stunde können Sie ein Werte-Plakat gestalten. Dadurch werden Sie sich der Wichtigkeit Ihrer Werte und Ihrer eigenen Person bewusst.

Mein Bereich *Mein Bereich*

Nachfragen – Fragen stellen

Wer Fragen stellt, führt durch das Gespräch! Auch Pauschalisierungen wie „immer", „alle", „keiner", „jeder" lösen sich durch konkretes Nachfragen auf und eine Klärung kann erreicht werden. Zudem wird der/die Gesprächspartner/-in zum konkreten Nachdenken angeregt.

Eine Umsetzungshilfe

Überlegen Sie sich im Vorfeld Fragen, die in sämtlichen Situationen funktionieren und die Sie in Gesprächen immer präsent haben, wie z. B. „Wie meinen Sie das?"

Standardfragen parat zu haben, gibt Sicherheit und hilft auch in herausfordernden Situationen, die Gelassenheit zurückzubekommen.

Atmen

Gerade in herausfordernden Situationen sollten wir immer in den Bauch atmen. So bleibt uns nicht die Luft weg und wir bekommen genügend Sauerstoff zum Denken. Noch wichtiger als das tiefe Einatmen ist das tiefe Ausatmen! Das ist nicht nur gut für die Sauerstoffversorgung, sondern so werden Sie auch „alte Energie" los und machen Platz für „neue Energie", die Sie durch das anschließende Einatmen wieder aufnehmen.

Eine Umsetzungshilfe

An dieser Stelle eine alltagstaugliche Atemübung für zwischendurch: Stellen Sie sich hüftbreit und mit leicht gebeugten Knien in einen stabilen Stand. Beim Ausatmen gehen Sie langsam mit dem Oberkörper in Richtung Füße. Die Beine bleiben dabei stabil. Lassen Sie sich Zeit und atmen Sie all die verbrauchte Luft und Energie Richtung Erde aus. Anschließend atmen Sie ein und gehen mit dem Oberkörper wieder in einen aufrechten Stand. Diese Übung wiederholen Sie etwa fünf Mal.

Eine klingende Variation: Vor Ihre Füße stellen Sie eine Klangschale. Immer wenn Sie ausatmen und unten ankommen, schlagen Sie diese Klangschale an. Vom Klang begleitet verweilen Sie mit dem gebeugten Oberkörper und richten sich dann einatmend langsam wieder auf.

Web

Impulse zu SABRINA finden Sie im Online-Material (Blatt 3).

3.2 Die 13 Helfer zur gelingenden Kommunikation

Diese 13 Helfer wurden aus der eigenen Praxiserfahrung und anhand verschiedener Gesprächssituationen entwickelt. Möchten wir die aktiven Helfer in eine bestimmte Struktur bringen, so können wir sie in drei Teile aufgliedern:

- Vier Helfer zur Vorbereitung
- Acht Helfer während des Gesprächs
- Ein Helfer zum Gesprächsabschluss

Diese 13 Helfer befinden sich in einem stetigen Prozess und leben durch ihre ständige Weiterentwicklung.

Helfer zur Vorbereitung

Passende Atmosphäre

Gestalten Sie für sich und Ihre/-n Gesprächspartner/-in eine situationsbezogene Atmosphäre. Für geplante Gespräche und ebenso für spontane Gespräche müssen ein Schutzraum und eine angenehme Atmosphäre gewährleistet sein. Welcher Raum im Haus bietet die Möglichkeit, jederzeit als Gesprächsraum genutzt zu werden?

Tipp: Weniger ist mehr!
Eine Kerze oder eine Vase mit frischen Blumen verbreiten eine positive Atmosphäre. Am besten wirken Dekorationsartikel, die Sie gleichzeitig in einen guten Zustand versetzen. Vorsicht vor Düften – Duftkerzen, Öllampen usw. –, da sie zwar starke positive, aber auch negative Reize hervorrufen können.

Freie Platzwahl
Schaffen Sie ausreichend Platz für sich und Ihre Gesprächspartner/-innen, damit Sie objektiv im Gespräch agieren können.

Tipp: Ich habe die Wahl!
Es ist immer gut, dem/der Gesprächspartner/-in die Wahl zu lassen, wohin er/sie sich setzen möchte. Deshalb sollte immer ein Stuhl mehr bereit stehen, als es Gesprächsteilnehmer/-innen gibt.

Visualisierung
Zur Vorbereitung auf eine/-n Gesprächspartner/-in stellen wir uns diese Person vor unserem inneren Auge vor. Wie sieht die Person aus? Was fällt mir auf? Welche wertfreien Beobachtungen kann ich machen?

Visualisieren Sie außerdem Ihr Ziel: Welches konkrete Ziel habe ich für dieses Gespräch? Wie sieht es aus? Wie hört es sich an? Welche Gefühle verbinde ich damit?

Tipp: Schlusswort
Überlegen Sie sich bereits im Vorfeld, mit welchen Inhalten oder mit welcher positiven Erzählung Sie das Gespräch beenden wollen. Dies braucht nicht mit den eigentlichen Inhalten des vorausgehenden Gesprächs einherzugehen. Notieren Sie sich ein Stichwort oder stellen Sie sich ein Symbol auf, das Sie an den Inhalt dieses „Schlusswortes" erinnert.

Innere Haltung
„Wie geht es mir heute?" und „Mit welcher inneren Einstellung begegne ich heute meinem/-r Gesprächspartner/-in?" Nehmen Sie sich vor Beginn des Arbeitstages oder des Gesprächs zwei Minuten Zeit, um sich diese beiden Fragen zu stellen. Anschließend bringen Sie sich selbst in einen positiven Zustand, um das Gespräch oder den Arbeitstag gut zu bewältigen.

Tipp: Positiver Moment
Stellen Sie sich fest auf den Boden und atmen Sie aus. Stellen Sie sich ein Lied, eine Situation, ein Bild oder einen Geschmack vor, der Sie an eine schöne Situation

erinnert. Atmen Sie zehn Mal bewusst aus und ein und erinnern sich gleichzeitig an dieses schöne Erlebnis. Mit dieser positiven Energie gehen Sie nun auf Ihre/-n Gesprächspartner/-in zu!

Helfer in der Durchführung

Keep smiling!

Schenken Sie Ihrem Gegenüber ein bewusstes Lächeln zur Begrüßung und zum Abschied. Das Gespräch wird beiden Gesprächspartnern/-innen leichter fallen, wenn sich immer wieder ein aufmunterndes Lächeln zeigt. Befinden wir uns in einem guten Zustand, so wird das Lächeln authentisch und lässt sich vom Gegenüber spiegeln.

Tipp: Lach doch mal!
Als Symbol für Lächeln wird oft ein lachendes Gesicht – ein Smiley – verwendet. Dieser kann sichtbar im Büro hängen oder vom Planungsblatt für Gespräche strahlen.

Sichtbare Zeitplanung

Die Zeitplanung sollte für alle Beteiligten klar und sichtbar sein. Dabei hilft eine Struktur, die gleichzeitig eine klare Zeiteinteilung beinhaltet. Oftmals werden wichtige Inhalte in einer begrenzten Zeit deutlicher und konkreter besprochen als in einem unbegrenzten Zeitrahmen.

Einen Arbeitsbogen für strukturierte Gespräche finden Sie im Online-Material (Blatt 4).

Tipp: Ich schenke Dir Zeit!
Führen Sie das Gespräch so, dass Sie ca. zehn Minuten vor dem eigentlichen Gesprächsende mit den Inhalten fertig sind. Kündigen Sie dann an: „Wir haben noch zehn Minuten Zeit, welchen Punkt möchten Sie gerne noch besprechen?"

Transparente Gesprächshilfen

Beobachtungsbögen, Portfolios oder Dokumentationen werden so eingesetzt, dass sie auch für den/die Gesprächspartner/-in sichtbar sind. Stellen Sie sich vor, es würde um Ihre Person gehen und Ihr/-e Gesprächspartner/-in hat ein Stück Papier auf dem Schoß, in das Sie keinen Einblick haben. Damit hielte er/sie einen Nährboden für Verunsicherung in der Hand!

Tipp: Der rote Faden
Handelt es sich um ein geplantes Entwicklungsgespräch, so bitten wir den/die Gesprächspartner/-in, ein Babyfoto und ein aktuelles Foto des Kindes mitzubringen.

Somit bleibt der rote Faden – nämlich das Kind – immer sichtbar und kann während des Gesprächs aufgegriffen werden, z. B. mit der Frage: „Wodurch konnte sich Ihr Kind so positiv entwickeln? Was braucht Ihr Kind, um sich weiterhin optimal zu entwickeln?"

Sinnvolle Kommunikation

Kommunikation wird oftmals auf Sprache reduziert. Wie wir aber bereits feststellen konnten, so hat jeder Mensch einen bevorzugten Sinneskanal. Deshalb macht es „Sinn", Inhalte über mehrere Sinneskanäle zu vermitteln.

Tipp: Dazu fällt mir Folgendes ein!
„Sinnvoll" ist die Arbeit mit Symbolen, wie z. B. einem Schmetterling, der sich entfaltet. So malt sich im Vorfeld das Kind als Schmetterling und klebt es auf ein großes Papier. Die Eltern können dann bei dem anschließenden Elterngespräch um den Schmetterling Dinge schreiben, die das Kind zur weiteren Entfaltung benötigt. Haben Sie das Gefühl, dass Ihr/-e Gesprächspartner/-in ein eher auditiver Typ ist, so können Sie fragen: „Zu welcher Musik würde der Schmetterling gerne fliegen und was braucht er, um sich dazu optimal bewegen zu können?"

Bestimmt fallen Ihnen noch weitere Symbole ein!

„Ich bin dein Spiegelbild"

Um die Basis für eine professionelle Gesprächsbeziehung zu schaffen, spiegeln wir Sprache und die Haltung des Gegenübers. Während des Gesprächs führen wir den anderen zielorientiert und mit dem Blick auf das Wohl des Kindes, indem wir unter anderem die Sitzposition oder Körperhaltung ändern, um auch dem Gegenüber eine neue Perspektive aufzuzeigen.

Tipp: Ich bleibe ich!
Wir sind in dieser Situation aber „nur" das Spiegelbild. Denn als Profis schaffen wir es, uns von den Gefühlen und Haltungen abzugrenzen, damit wir unser Gegenüber aus der Distanz wegweisend begleiten können. Nach dem Gespräch streifen wir mit den Händen alle Körperteile ab, damit wir wieder ganz wir selbst sind. Langes Ausatmen und tiefes Einatmen helfen uns anschließend zu entspannen.

„Weshalb, wer, was, wie?"

In Gesprächen sollten wir Fragen über Fragen stellen. Damit zerteilen wir die Aussage in so kleine Aspekte, bis wir am einfachsten Punkt mit der Erarbeitung einer Lösung beginnen können. Auch Pauschalisierungen – wie „Immer sind es alle anderen!" – werden so ganz konkret hinterfragt: „Wann ist immer?", „Wer sind alle?", „Wer gehört zu den anderen?"

Tipp: Den Elefanten zur Mücke machen
Wir fragen so lange, bis symbolisch gesehen aus dem riesigen, aufgeblasenen Elefanten die Luft heraus ist und er die Größe einer Mücke hat. Anschließend fangen wir langsam durch konkretes Nachfragen und klare Informationen an, den Elefanten mit positiver Energie und nachvollziehbaren Aussagen mit Luft zu füllen, bis er eine für das Ziel attraktive und machbare Größe erreicht hat.

„Das ist meine Meinung!"
Die eigene Meinung zu vermitteln, den Standpunkt zu vertreten, ohne dabei stur und arrogant dem anderen entgegenzuwirken, ist eine Frage der Vorbereitung und der Vermittlung. Um den eigenen Standpunkt zu vertreten, gilt es, diejenigen Aussagen immer wieder zu wiederholen, die diese Meinung widerspiegeln.

Tipp: Konzentration!
Stellen Sie sich einen Bogenschützen vor. Der möchte nur eines: das rote Feld in der Mitte der Scheibe treffen. Dieses Feld können Sie nur dann treffen, wenn Sie sich auf das Rot und die Mitte der Scheibe konzentrieren. Wenig hilfreich ist hier zu zweifeln, hilfreich sind Selbstsicherheit und Selbstbewusstsein. Damit Sie ohne Selbstzweifel und siegessicher auf das Rot zielen können, müssen Sie wissen, dass dieser Mittelpunkt das richtige Ziel ist. Deshalb formulieren Sie im Vorfeld ein klares, ganz konkretes Ziel, für das es sich auch lohnt, die rote Scheibe zu treffen. Die Klärung der pädagogischen und persönlichen Werte bietet dem Standpunkt Unterstützung.

Konkrete Lösung mit Wahlmöglichkeit
Die erarbeitete Lösung oder das Ziel eines Gesprächs müssen für den/die Gesprächspartner/-in zeitnah, machbar, in irgendeiner Form gewinnbringend und überprüfbar sein. Je präziser und klarer die Lösung formuliert ist, desto wahrscheinlicher ist ein Erfolg.

Tipp: Sie haben die Wahl!
Wer die Wahl hat, besitzt die Möglichkeit, eine selbstbestimmte Entscheidung zu treffen. Deshalb sollten bei erarbeiteten oder vorgeschlagenen Lösungsmöglichkeiten immer ein Plan A und ein Plan B existieren. „Möchten Sie lieber diese Möglichkeit oder können Sie sich diese Möglichkeit vorstellen?"

Helfer zum Abschluss

„Sag zum Abschied fröhlich Servus!"
Ein positiver Abschied rundet ein gelungenes Gespräch ab und beruhigt eventuell erhitzte Gemüter. Ohne übertrieben und aufgesetzt zu wirken, greifen Sie den Gesprächsabschluss auf, den Sie sich im Vorfeld überlegt haben (siehe Helfer zur Vorbereitung, „Visualisierung" auf Seite 49).

Tipp: Bis bald!
Bevor Sie sich verabschieden, geben Sie Ihrem/-r Gesprächspartner/-in eine Perspektive mit auf den Weg, z. B. „Wir sehen uns ja morgen um acht Uhr wieder, da können Sie mir gleich berichten, wie das Erarbeitete funktioniert hat!", „Sprechen Sie mich zwischen Tür und Angel gerne an, um von der Entwicklung zu erzählen!", „Ich bin schon gespannt, welches Foto Sie von Ihrem Kind zum nächsten Gespräch mitbringen!" oder „Am 28. April sehen wir uns zum nächsten Entwicklungsgespräch wieder, dann überlegen wir nochmals weitere Fördermaßnahmen!"

Diese Helfer sind gemeinsam ein gutes Team und freuen sich auf weitere Geschwister, die in der Praxis entwickelt werden.

Impuls für die Praxis

Gestalten Sie Ihre eigene Liste mit den 13 Helfern zur gelingenden Kommunikation. Verwenden Sie dazu Fragen wie:

- Welche Priorität haben für mich die einzelnen Punkte der „13 Helfer zur gelingenden Kommunikation"?
- Welche persönlichen Punkte ergänze ich noch auf der Liste?
- Was hat mir bei Gesprächen besonders geholfen? Beachten Sie dabei Vorbereitung, Durchführung, Verabschiedung.

Einen Arbeitsbogen zu den 13 Helfern finden Sie im Online-Material (Blatt 5). Web

Diese Liste kann auch im Team erarbeitet werden. Reflektieren und überarbeiten Sie diese Gedankensammlung zur gelingenden Kommunikation regelmäßig, denn Kommunikation lebt von Veränderung und Weiterentwicklung!

3.3 Interkulturelle Kommunikation

Was erwarten wir, wenn wir ein anderes Land besuchen? Hier gibt es mehrere Erwartungsmöglichkeiten: Wir möchten uns beispielsweise wohl fühlen, Land und Leute kennenlernen oder kulturelle Brauchtümer und Sehenswürdigkeiten entdecken, von denen wir in unserer Heimat schon so viel gehört haben. Wir fühlen uns als Besucher, als Gast und erwarten von den Einheimischen Gastfreundschaft.

Diese Gastfreundschaft drückt sich aus,

- wenn Mimik, Gestik und Sprachklang Freundlichkeit ausdrücken,
- wenn uns die unverständlichen Gerichte der Speisekarte mit einfachen Worten erklärt werden,
- wenn uns der Kellner an ein Aquarium führt und wir unseren Fisch selbst aussuchen dürfen,
- wenn der Preis einer Ware auf ein Stück Papier geschrieben wird und wir dann entscheiden können, ob wir kaufen, oder
- wenn wir die Melone oder Kokosnuss erst einmal probieren dürfen, bevor wir sie kaufen.

Anhand dieser Beispiele merken wir, dass wir unsere gesamten Sinne zur Verfügung haben, um uns ein fremdes Land zu erschließen, und dass die freundlichen Gastgeber mit allen Sinnesmöglichkeiten arbeiten, um sich mit uns verständigen zu können. Diejenigen, die wir oftmals als weniger freundlich empfinden, gehen auch weniger auf uns als Gast ein, z. B. indem sie ausschließlich Worte benutzen, die wir nicht verstehen.

In den meisten Kindertagesstätten findet sich eine bereichernde Vielfalt von unterschiedlichen Kulturen und Nationalitäten wieder. Obwohl hier die meisten Menschen mit Migrationshintergrund dauerhaft leben, ist es bereichernd, eine Vielfalt an Vermittlungs- und Informationsmöglichkeiten in Gesprächen anzubieten. Hilfreich ist hier, wie im oben genannten Beispiel, die Kommunikation mit allen Sinnen.

Helfer für die gelingende interkulturelle Kommunikation

In Gesprächen, in denen nur allgemeine Informationen vermittelt werden sollen, können zur Verdeutlichung Fotos und Symbole verwendet werden. Wichtig ist hier, eine langsame, aber grammatikalisch richtige Sprache zu verwenden sowie eine Mimik und Gestik einzusetzen, die bedeutende Worte unterstreicht. Geht es um eine Liste mit Utensilien, die zum Ausflug mitzubringen sind, kann diese einfach nach Hause mitgegeben werden. So besteht die Möglichkeit, dass die Eltern sich diese Liste von Verwandten oder Bekannten übersetzen lassen.

Manchmal gibt es in den Einrichtungen Dolmetscher, die dazu dienen, allgemeine Informationen zu übersetzen. Auch größere Geschwister werden meist als Dolmetscher eingesetzt. Bei allgemeinen Informationen ist das auch in Ordnung, nur sollte bei inhaltlichen Elterngesprächen, in denen es um das Kind selbst geht, eine erwachsene Vertrauensperson dolmetschen, da dies die größeren Geschwister sonst in eine überfordernde Verantwortungsposition bringt und bei allgemeinen Dolmetschern die Schweigepflicht geklärt sein muss. Einerseits müssen alle betroffenen Personen damit einverstanden sein, dass der Dolmetscher am Gespräch teilnimmt, ggf. sollte daher eine Schweigepflichtsenthebung für die Anwesenheit des Dolmetschers unterschrieben werden. Andererseits muss klar sein, dass der Dolmetscher den Gesprächsinhalt nicht an andere Parteien weitergeben darf. Am besten Sie lassen sich dafür eine Schweigepflichterklärung für dieses konkrete Gespräch vom Dolmetscher unterschreiben.

> Kulturelle Muster sind also nicht naturgegeben, sondern beruhen auf Übereinkunft und Tradition. Aber sie gehen uns derart in Fleisch und Blut über, dass wir sie erst dann als kulturelle Eigenheiten wahrnehmen, die auch anders sein könnten, wenn jemand sich nicht daran hält.

(Kumbier/Schulz von Thun, 2010, S. 10)

Wir möchten jede Familie, jedes Kind und jeden Elternteil kennenlernen. Dabei hilft uns eine genaue Beobachtung des familiären Umgangs und des Verhaltens des Einzelnen. Es wäre sehr viel verlangt, wenn Pädagogen auch Experten für jede einzelne Kultur sein müssten und alle kulturellen Gepflogenheiten und Hintergründe wüssten. Wir können jedoch mit Respekt die Bereitschaft zeigen, Informationen und Wissen über die Kultur und somit über die Person kennenzulernen.

Impuls für die Praxis

Bitten Sie bei einem Elternabend, Familienfrühstück oder Elterngespräch jede Familie, ein Plakat mit ihren wichtigsten Werten oder kulturellen Brauchtümern zu gestalten. Sie können während der Gestaltung Familienfotos machen, die in die Mitte des jeweiligen Bildes geklebt werden. Wenn Sie möchten, können Sie gemeinsam mit Ihren Kollegen ein Plakat für die Einrichtung mit deren Werten gestalten. Am Ende stellt jede Familie ihr Plakat vor und Gemeinsamkeiten aller Familien werden festgestellt.

Interkulturelle Kommunikation beruht auf gegenseitiger Wertschätzung, Respekt und der Bereitschaft, den/die Gesprächspartner/-in kennenzulernen.

4 Vielfalt der Gespräche

Im Laufe eines Tages in der Kindertagesstätte ist eine Vielzahl an Gesprächen möglich. Ob es um Informationsaustausch, pädagogische Unterstützung oder die Vertiefung der Erzieher/-innen-Eltern-Beziehung geht – immer steht der/die Gesprächspartner/-in mit einer bestimmten Erwartungshaltung vor der pädagogischen Fachkraft. Erwartungen setzen sich meist aus einer Summe von Anforderungen zusammen:

- kompetente Beratung,
- konkrete Weitergabe von Informationen,
- Wahrnehmen und Wertschätzen der einzelnen Persönlichkeiten.

Jedes Gespräch stellt Anforderungen an die pädagogische Fachkraft, die je nach Gesprächspartner/-in und Situation unterschiedlich sind. Eine der grundsätzlichen Regeln, die diese Summe von Anforderungen aufgreift, lautet: **präsent sein**. Konkret bedeutet das:

- im Hier und Jetzt zuhören,
- die Sinne öffnen für die Wahrnehmung: Was höre ich? Was sehe ich? Was fühle ich? Was schmecke oder rieche ich?, und
- diese Wahrnehmung nutzen, um die Sprache des Gegenübers zu sprechen.

Beispiel: *Erzieherin Katharina Winter trifft ihre neue Kollegin, die vor einer Woche in der Nachbargruppe ihre Arbeit aufgenommen hat. „Wie schaffst du es, dich auf die unterschiedlichen Persönlichkeiten der Eltern einzustellen? Ich war so ausgelaugt nach der ersten Woche, allein von den Elterngesprächen. Hier musste ich eine Information weitergeben oder an den Ausflug erinnern, dort zwischen Eltern vermitteln. Welchen Tipp kannst du mir bezüglich der Elternarbeit geben?", fragt die Kollegin. Katharina Winter antwortet: „Ich persönlich finde Tür- und Angelgespräche schwierig, vor allem, wenn sie länger dauern. Denn um mich herum läuft das Gruppengeschehen und es fällt mir schwer, mich auf Aussagen von Eltern zu konzentrieren. Darum habe ich mit meiner Kollegin abgesprochen, dass ich auch für Tür- und Angelgespräche vor die Tür gehe. Ich denke, wir sollten im Team nochmals alle möglichen Gesprächsformen besprechen und deren Ziele analysieren. Ich kann mir vorstellen, dass dann nochmals Klarheit in die Vielfalt der Gespräche und deren Umgang kommt. Ist das für dich in Ordnung?" Die neue Kollegin nickt und somit beschließen die beiden Erzieherinnen, die Gesprächsformen in der nächsten Teamsitzung zu besprechen.*

Die tägliche Kommunikation mit den Eltern birgt immer wieder Herausforderungen. Daher ist es hilfreich, diesem Thema in einer Teamsitzung Aufmerksamkeit zu schenken. Um den Überblick in der Vielfalt der Gespräche zu bewahren, ist es hilfreich, gemeinsam die Gesprächsformen und deren Ziele unter die Lupe zu nehmen. Erarbeiten Sie mit Ihrem Team einen Strategieplan für Elterngespräche. Klären Sie dabei die Inhalte und Ziele der Gesprächsform, Regeln, die zur Einhaltung verpflichten, und fragen Sie jedes einzelne Teammitglied nach hilfreichen Strategien während dieses Gesprächs. Das Ganze kann auf einer großen Wandzeitung übersichtlich gestaltet und im Personalzimmer aufgehängt werden. Eine Vorlage finden Sie hier:

Spontane Gespräche	Geplante Gespräche
Tür- und Angelgespräch Inhalte/Ziele: Regeln: Hilfreiches:	**Einführungsgespräch** Inhalte/Ziele: Regeln: Hilfreiches:
Telefongespräch Inhalte/Ziele: Regeln: Hilfreiches:	**Klärungsgespräch** Inhalte/Ziele: Regeln: Hilfreiches:
Spontanes Gruppengespräch Inhalte/Ziele: Regeln: Hilfreiches:	**Entwicklungsgespräch** Inhalte/Ziele: Regeln: Hilfreiches:
Small Talk Inhalte/Ziele: Regeln: Hilfreiches:	**Übergangsgespräch** Inhalte/Ziele: Regeln: Hilfreiches:
E-Mail-Kommunikation Inhalte/Ziele: Regeln: Hilfreiches:	**Elternabend** Inhalte/Ziele: Regeln: Hilfreiches:
	Organisierte Gesprächsgruppe Inhalte/Ziele: Regeln: Hilfreiches:

Nachfolgend werden Merkmale, Strategien, Möglichkeiten und Vorsichtssignale erörtert. Es lohnt sich, gemeinsam und in einem Gruppenprozess einen individuellen Übersichtsplan für das eigene Team zu erstellen, um Klarheit für Elterngespräche zu haben. Dies gibt den Pädagogen/-innen und den Eltern Sicherheit, da klare Standpunkte bezüglich der Gesprächsdauer und -inhalte vermittelt werden.

Auch wenn die Vielfalt der Gespräche unendlich scheint, so bestimmen das pädagogische Handeln und der Einsatz der Gesprächshelfer immer die übergeordneten Ziele: das Wohl des Kindes zu unterstützen und den Menschen ein Stück auf seinem persönlichen Weg zu begleiten.

Einen Arbeitsbogen für gelingende Gespräche finden Sie im Online-Material (Blatt 6). Web

4.1 Spontane Gespräche

Gespräche aus dem Stegreif werden auch als spontane Gespräche bezeichnet. Sie bieten Herausforderungen, aber auch Möglichkeiten, da wenig Vorbereitung stattfinden kann. Oftmals hat sich der/die Gesprächspartner/-in bereits im Vorfeld mit dem Inhalt des Gesprächs beschäftigt, da er/sie sich vorgenommen hat, den/die Erzieher/-in auf eine bestimmte Sache anzusprechen – doch die pädagogische Fachkraft trifft es völlig unvorbereitet. Hier gilt es, spontan, intuitiv und trotzdem professionell zu reagieren. Eine erste Reaktion, die ersten Gedanken, die wir bei Reizen empfangen, sind oftmals hilfreich. Natürlich ist es wichtig, sich stets seiner Rolle als pädagogische Fachkraft bewusst zu sein, aber intuitive Gedanken, die sachlich formuliert werden, geben dem/der Gesprächspartner/-in eine ehrliche Rückmeldung.

Bei Unklarheiten oder Missverständnissen gilt auch hier die Regel: fragen, fragen, fragen! Denn Kompetenz bedeutet auch, die richtigen Fragen zu stellen, um für Lösungswege die Weichen vorzubereiten!

Im Folgenden werden nun die unterschiedlichen Formen des spontanen Gesprächs erläutert.

Tür- und Angelgespräche

Merkmale

- Informationsaustausch
- Schaffen und Vertiefen einer professionellen Beziehung

Beispiel: *„Guten Morgen, Frau Özkan, wie geht es Ihnen und Emine?", begrüßt die Erzieherin Katharina Winter die Mutter der dreijährigen Emine. „Emine wollte heute Morgen unbedingt ihren neuen Rucksack mitnehmen, den wir gestern gekauft haben, obwohl sie ihn erst morgen bekommen sollte. Emine hat ja morgen Geburtstag und sie hat Freunde eingeladen. Deswegen nehme ich Sofia Müller morgen gleich nach der Kita zu unserer Party mit, das habe ich mit ihrer Mutter bereits besprochen", erklärt Frau Özkan. Katharina Winter entgegnet: „Dann werde ich Frau Müller heute nochmals erinnern, uns eine Einverständniserklärung zu unterschreiben, damit Sofia mitgehen darf. Das ist bei uns so Vorschrift. Was bringt Emine morgen denn für die Kinder hier in der Kita zur Feier mit?" „Sie hat sich einen Kuchen gewünscht, den backe ich nachher noch", antwortet Frau Özkan. „Da freuen wir uns ja auf deinen Geburtstag, Emine", sagt Katharina Winter, bückt sich und sieht Emine auf Augenhöhe an. Diese lächelt zurück. Katharina gibt Frau Özkan zum Abschied die Hand und Emine verabschiedet sich wie jeden Morgen mit einem Winken von ihrer Mutter. Sie geht mit Katharina Winter an der Hand in die Gruppe. Die Erzieherin schreibt sich noch schnell eine Notiz, die sie an die Einverständniserklärung von Frau Müller erinnert.*

Strategien

Planen Sie in regelmäßigen Abständen Zeit ein, um auf Eltern zuzugehen. Dies signalisiert Interesse und Gesprächsbereitschaft. In Tür- und Angelgesprächen werden oftmals akute Probleme angesprochen, die aufgrund mangelnden Wissens oder einseitiger Sichtweise beispielsweise Missverständnisse beinhalten. Umso wichtiger ist es, eine gute Basis zu schaffen und Eltern regelmäßig über die Entwicklung und das Alltagsgeschehen zu informieren.

Nutzen Sie verschiedene Gesprächstechniken, um diese Gespräche optimal zu führen. Die erste Gesprächstechnik lautet: fragen, fragen, fragen! Stellen Sie dazu offene Fragen, also Fragen, auf die sich Ihr Gegenüber mehr einfallen lassen muss als „Ja" oder „Nein". Das regt zum Nachdenken an und bringt weitere mögliche Perspektiven ins Spiel.

Wort-Spiele

- *„Wie meinen Sie das?"*
- *„Was genau ist passiert?"*
- *„Wann haben Sie das bemerkt?"*

Die zweite Gesprächstechnik lautet: aktives Zuhören. Redewendungen und Wörter des Gegenübers werden wiederholt, wodurch bestätigt wird, dass die Aussagen wahrgenommen wurden.

Wort-Spiele

Behauptung: „Mein Sohn Felix erzählt, dass die Turnstunden unregelmäßig und sehr kurz sind."
Antwort: „Er erzählt, dass die Turnstunden unregelmäßig und sehr kurz sind. Wann erwähnte er das letzte Mal, dass ihm die Turnstunde zu kurz ist?"

Eine dritte Gesprächstechnik besteht darin, Ich-Botschaften zu vermitteln. Ich-Botschaften sind Aussagen, die wir aus unserer Sicht äußern. Sie haben einen verbindlichen Charakter und fordern unser Gegenüber auf, diese auch als verbindlich wahrzunehmen.

Wort-Spiele

- *„Ich habe wahrgenommen, dass …"*
- *„Folgendes konnte ich beobachten: …"*
- *„Meiner Meinung nach …"*

Die vierte Gesprächstechnik, die Sie anwenden können, besteht darin, die Situation genau zu klären. Um klare Äußerungen oder konkrete Aussagen zu treffen, braucht es ausreichende Informationen. Wenn keine umfassende Klarheit besteht, nehmen wir uns die Zeit und verabreden uns zu einem späteren Zeitpunkt mit der jeweiligen Person erneut.

Wort-Spiele

- *„Da muss ich erst mit meiner Kollegin Rücksprache halten."*
- *„Ich denke darüber nach und berichte Ihnen morgen!"*
- *„Ich brauche etwas Zeit für die Klärung. Möchten Sie lieber morgen um 8.30 Uhr oder am Dienstag um 14.30 Uhr zu einem Gespräch kommen?"*

Bei allen Gesprächstechniken ist es wichtig, eine gewissen räumliche Distanz zu wahren. Um ein professionelles Gespräch führen zu können, benötigen wir ausreichend Raum, um auch emotionalen Abstand zu bekommen. Wenn zwischen den Gesprächspartnern/-innen nicht genügend Distanz besteht, genügt es oft, einen Schritt zurückzugehen oder sich hinter einen Stuhl bzw. Tisch zu stellen.

Tür- und Angelgespräche bieten die Möglichkeit zur Weitergabe von organisatorischen und pädagogischen Informationen sowie zur Vertiefung der professionellen Beziehung.

Vorsicht: „Haben Sie *kurz* Zeit für mich?"

In einem Tür- und Angelgespräch können Probleme angesprochen werden; bearbeitet und vertieft werden sie aber bei einem geplanten Gespräch im geschützten Rahmen und mit der Möglichkeit zur Vorbereitung. Wichtig hierbei ist, dass ein Termin zeitnah vereinbart wird, mit dem alle Gesprächspartner/-innen einverstanden sind.

Telefongespräche

Merkmale

- Austausch von Informationen
- Terminabsprachen

Beispiel: *Silke Herbst ist die Erzieherin der Kinderkrippe in der Villa Kunterbunt. Das Telefon klingelt nachmittags und die Mutter des einjährigen Felix Land ist am anderen Ende der Leitung.*

Frau Land: „Frau Herbst, ich habe gerade mit meiner Nachbarin gesprochen. Sie hat auch einen einjährigen Sohn und dieser ist sprachlich und motorisch schon viel weiter als Felix. In seiner Kinderkrippe gibt es extra Sprach- und Bewegungsprogramme. Zusätzlich geht meine Nachbarin zu einem Sprachtraining für Kinder. Ich bin jetzt sehr beunruhigt; meinen Sie, dass ich mit Felix auch zu einem Sprachtraining gehen sollte?"

Frau Herbst: „Hallo, Frau Land! Felix hat in unserer Kinderkrippe schon erkennbare Fortschritte im motorischen und im sprachlichen Bereich gemacht. Um Ihre Frage zu beantworten, würde ich mir gerne nochmals die Beobachtungsbögen ansehen und mit meinen Kolleginnen sprechen, die Felix auch erleben. Dann können wir gerne einen Termin zu einem Entwicklungsgespräch vereinbaren, wann haben Sie Zeit?"

Frau Land: „Soll ich dann nicht mit Felix zum Sprachtraining gehen?"
Frau Herbst: „Das können wir bei dem Entwicklungsgespräch besprechen. Möchten Sie gleich morgen ab 15 Uhr oder lieber am Freitag um 8 Uhr kommen?"
Frau Land: „Also, dann würde ich gleich morgen kommen. Wissen Sie, ich bin jetzt echt beunruhigt!" Frau Herbst: „Ich verstehe, dass Sie nach dem Gespräch mit Ihrer Nachbarin beunruhigt sind. Aber wir haben umfassende Dokumentationen von der positiven Sprach- und Bewegungsentwicklung von Felix. Die sehen wir uns morgen in Ruhe an und sprechen in Ruhe über seine Entwicklung. Können Sie bitte ein Lieblingsspielzeug von Felix mitbringen? Das ist immer unser Gesprächseinstieg!"
Frau Land: „Ah, da weiß ich schon, was ich mitbringe. Also dann bis morgen, auf Wiederhören!"
Frau Herbst: „Auf Wiederhören, Frau Land, und bis morgen!"

Web

Dieses Gespräch ist online als Video-Sequenz zu sehen (2. Telefongespräch).

Strategien
Da wir unsere/-n Gesprächspartner/-in nicht sehen, müssen wir über die Stimme und Worte unsere Aussagen transportieren und bestätigen lassen. Kurze Aussagen mit anschließender Pause ermöglichen es dem/der Gesprächspartner/-in, unseren Gedankengängen zu folgen und eigene Gedanken auszudrücken.

Wort-Spiele
- *„Ich verstehe, dass Sie ..."*
- *„Können Sie verstehen, dass ich ..."*
- *„Ist es für Sie verständlich, dass ...?"*

Ein Telefonat bietet keinen vorteilhaften Gesprächsrahmen, wenn es um inhaltliche Aussagen oder Klärungen geht. Zum einen fehlt die Wahrnehmung der Körpersprache, die einen großen Teil unseres Gesprächsverhaltens ausmacht, zum anderen können wir nicht umfassend auf Aussagen eingehen, da visuelle Ausdrucksmöglichkeiten fehlen. Es empfiehlt sich aber, nach Möglichkeit eine momentane Klärung vorzunehmen, indem umfassende Fragen gestellt werden. Wenn kein ausreichendes Ergebnis erzielt werden kann, sollte ein Termin zu einem persönlichen Gespräch vereinbart werden.

Telefongespräche bieten die Möglichkeit zur organisatorischen Absprache und dem Vermitteln von Erreichbarkeit.

Vorsicht: „Aber ich möchte jetzt gleich eine Antwort auf meine Frage!"
Bevor wir vorschnelle oder unzulängliche Aussagen treffen, ist es sicherer auf dem Standpunkt zu verweilen, dass ein persönliches Gespräch auf jeden Fall nötig ist, um eine Klärung zu erwirken. Dieser Standpunkt wird vermittelt, indem immer wieder der gleiche Satz wiederholt und auf die Forderungen des/der Gesprächspartners/-in nicht eingegangen wird. Somit wird der Standpunkt deutlich und wir bekommen Sicherheit im eigenen Handeln. Von dieser professionellen Sicherheit profitiert wiederum der/die Gesprächspartner/-in.

Spontane Gruppengespräche

Merkmale

In spontanen Gruppengesprächen geht es um den Austausch innerhalb einer zufällig getroffenen Gruppe, deren Mitglieder sich für das gleiche Thema interessieren.

Beispiel: *Erzieherin Silke Herbst fährt den Mittagessenswagen aus dem Gruppenraum, nachdem die Hälfte der Krippenkinder abgeholt wurde und die andere Hälfte mit ihrer Kollegin im Schlafraum ist. Drei Mütter ziehen ihre Kinder gerade an und unterhalten sich. Silke Herbst findet diesen Gesprächsaustausch untereinander sehr wichtig. „Frau Herbst, wir unterhalten uns gerade über die Gartensituation unserer Kinder. Gehen die Kinder auch ausreichend in den Garten?", fragt Frau Müller. „Ja, wir wissen um den Bewegungsdrang der Krippenkinder und gehen deshalb jeden Tag für eine bis eineinhalb Stunden vormittags in den Garten. Außer es regnet sehr stark, dann nutzen wir die Turnhalle!", entgegnet Silke Herbst. „Neulich war Felix von Kopf bis Fuß voll Matsch. Das macht mir eigentlich nichts aus, aber das Wasser stand in seiner Matschhose. Das fand ich nicht in Ordnung!", äußert Frau Land. „Ja, das ist ungesund. Es ist gut, wenn Sie uns so etwas gleich melden, dann können wir das nächste Mal darauf achten, Frau Land!" erwidert die Erzieherin und fragt: „Besuchen sich die Kinder denn nachmittags oder treffen Sie sich auf dem Spielplatz?" Frau Müller entgegnet: „Ja, wir treffen uns regelmäßig, dann lernen sich die Kinder auch außerhalb der Krippe kennen." „Dann wünsche ich Ihnen einen schönen Nachmittag, bis morgen", verabschiedet sich Silke Herbst von der Gruppe.*

Strategien

In solchen Situationen ist es Aufgabe der pädagogischen Fachkraft, dieser Gruppe aktiv zuzuhören und das Gespräch zu moderieren. Dies gelingt folgendermaßen:

- Die Körperhaltung sollte allen Gruppenmitgliedern zugewandt sein.
- Alle Gesprächsteilnehmer/-innen werden wahrgenommen.
- Alle Gruppenmitglieder werden bewusst angesprochen.
- Bei der Weitergabe von Informationen sollte bei jedem/-r Gesprächspartner/-in nachgefragt werden, ob die Information angekommen ist. Dies kann auch nur durch ein kurzes Nicken bestätigt werden.
- Einzelne Teilnehmer/-innen werden bestätigt, bei Problemen wird zum Einzelgespräch aufgefordert.

Wort-Spiele

- *„Verstehe ich Sie in diesem Punkt richtig, dass Sie ..."*
- *„Das kann ich gut nachvollziehen. Können Sie sich vorstellen, auch ..."*
- *„Jetzt haben wir Ihre Meinung gehört, Frau Müller. Frau Land, was haben Sie zu diesem Thema für eine Meinung oder wie ist Ihre Erfahrung?"*
- *„Ich finde es für unsere Arbeit wichtig, dass Sie das Problem direkt ansprechen, Frau Müller. Ich denke, dass wir uns zu einem Einzelgespräch verabreden sollten, dann können wir alles Weitere besprechen. Passt es Ihnen am Mittwoch oder am Donnerstag besser?"*

Suchen Sie während des Gesprächs Worte und Sätze, die eine Verbindung zwischen den Gruppenmitgliedern schaffen, und sprechen Sie diese dann aus, um das Gespräch zu moderieren.

Wort-Spiele

- *„Welche Erfahrung können Sie bestätigen?"*
- *„Gibt es eine Situation, in der Sie Ähnliches erlebt haben?"*

Spontane Gruppengespräche bieten die Möglichkeit, eine Verbindung zwischen den Gesprächsteilnehmern/-innen zu schaffen, die eigene Kompetenz bei mehreren Gesprächsteilnehmern/-innen zu unterstreichen sowie allgemeine Informationen an mehrere Personen gleichzeitig zu vermitteln.

Vorsicht: „Wir finden, dass unsere Kinder zu wenig in den Garten gehen!"
Eine Gruppe unterliegt einer Dynamik, die durch verschiedene Rollenträger getragen wird. Auch bei willkürlichen Gruppen besteht diese Dynamik. Demzufolge werden oftmals Aussagen von einer Person getroffen, die sich als Sprecher/-in der ganzen Gruppe sieht oder andere Personen für die eigenen Interessen einzusetzen versucht. Deshalb ist es wichtig, gerade bei pauschalisierten Aussagen jede/-n Gesprächsteilnehmer/-in nach seiner/ihrer Meinung zu fragen, damit Sie die Gruppendynamik positiv nutzen können. Einige Beispiele:

- „Welche Meinung haben Sie zu diesem Thema?"
- „Was ist Ihnen in Bezug auf unser Garten gehen aufgefallen?"
- „Wie äußert sich das, wenn wir nicht im Garten waren?"

Small Talk

Wer die Kunst des kleinen Gesprächs beherrscht, ist privat und beruflich klar im Vorteil. Die vermeintlich trivialen Gespräche haben nämlich zwei wichtige Aufgaben: Verbindungen zu schaffen und Verbundenheit zu signalisieren.

(Märtin/Boeck, 1998, S. 10)

Merkmale
Der Small Talk dient dem Äußern von positiven Aussagen, allgemeinen Informationen und wertschätzenden Aufmerksamkeiten. Dadurch werden Verbindungen aufgebaut und vertieft.

Beispiel: *Erzieherin Katharina Winter hat mit ihren Kollegen/-innen ein Eltern-Kind-Frühstück organisiert. In dieser Ganztagesgruppe stoßen Treffen am Abend nur auf geringe Beteiligung und aus Erfahrung wissen die pädagogischen Fachkräfte, dass am Samstagvormittag die meisten Eltern zu Veranstaltungen kommen. Katharina Winter nutzt dieses Frühstück, um in angenehmer Atmosphäre auf die Eltern zuzugehen und unverbindlich und positiv mit ihnen zu kommunizieren.*
Aufmerksam, mit Blickkontakt, offener Körperhaltung und darauf bedacht, mit jedem Elternteil kurz zu kommunizieren, geht die Erzieherin von Tisch zu Tisch. Folgende Sätze sind dabei zu hören:

- *„Gestern haben die Kinder noch diese Tischkärtchen gebastelt. Das war die Idee der Vorschulkindergruppe!"*
- *„Frau Müller, schön dass Sie kommen konnten. Und der Paul ist auch dabei. Er winkt mir immer, wenn er in die Krippengruppe geht."*
- *„Ich habe gerade die Kuchen probiert. Da haben Sie sich ja selbst übertroffen. Wir können doch eine Rezepttausch-Aktion machen, oder?"*
- *„Guten Tag, Herr Müller, sind Sie von Ihrer Auslandsreise zurück? Die Kinder haben sich so gefreut an dem Tag, als Sie wiederkamen!"*
- *„Ich kann Ihnen kurz erzählen, wie die Kinder dieses Theaterstück einstudiert haben!"*
- *„Neulich im Stuhlkreis haben wir das Lied gesungen und ich habe festgestellt, dass die Kinder die ganzen Strophen auswendig können."*

Strategien
Bemühen Sie sich um eine positive Ausstrahlung, die sich in Körperhaltung und Sprache widerspiegelt. Als Vorbereitung hilft es, sich vor der Veranstaltung bewusst in einen positiven Zustand zu versetzten. Welches Bild, welche Musik, wer oder was hilft Ihnen dabei?

Reden Sie zu diesen Gelegenheiten nicht über vertrauliche Inhalte, da Small Talk in Gesellschaft und offenem Rahmen zelebriert wird. Ausgangspunkt für gelungenen Small Talk sind gemeinsame Erlebnisse. Bereiten Sie sich auch auf Small Talk vor, indem Sie beobachten und sich Ihre Rolle als Gastgeber/-in bewusst machen.

Wort-Spiele

- *„Als Sie am Mittwoch Semir abgeholt haben, hat er Ihnen ja ganz stolz sein Ich-Buch gezeigt. Wie hat es Ihnen gefallen, Frau Özkan?"*
- *„Hat Ihnen Selina schon von Ihrem neuen Lieblingstischspiel erzählt?"*
- *„Ihr Kuchen schmeckt mir sehr gut. Wir haben in der Kita auch einen Schokoladenkuchen gebacken, da hat Ihre Tochter ganz alleine Eier getrennt. Macht sie das zu Hause auch, weil sie das so gut kann?"*

Small Talk geht oftmals von dem/der Gastgeber/-in aus, da dessen/deren Selbstbewusstsein durch das „Heimspiel" unterstützt wird. Als Vorbereitung helfen das Bewusstmachen dieser Rolle, ein guter Stand auf dem Boden und eine positive Gesichtsmimik, z. B. durch ein Lächeln.

Small Talk bietet die Möglichkeit, sich ungezwungen zu präsentieren sowie den professionellen Kontakt zu den Eltern aufzubauen und zu vertiefen.

Vorsicht: „Was ich Sie noch fragen wollte ..."

Wenn der Small Talk sich in eine vertrauliche Richtung entwickelt – wenn beispielsweise eine Mutter wissen möchte: „Der Max hat mir erzählt, dass er und auch andere Kinder immer wieder von Timo geärgert werden. Stimmt das?" –, ist das ein Zeichen dafür, dass intensiver Gesprächsbedarf besteht. Dieser kann im Rahmen des Small Talks, da er meist in der Öffentlichkeit stattfindet, aber nicht gewährleistet werden. Deshalb wird in diesem Falle ein Gespräch in einem geschützten Rahmen vereinbart.

E-Mail-Kommunikation

Merkmale

In den meisten Fällen geht es in der Kommunikation per E-Mail um einen knappen Informationsaustausch.

Beispiel:

An: Sven Herbst <sh@villakunterbunt.de>
Von: Bernd Müller <bm@internet.de>
Betreff: Yannick

Lieber Herr Herbst,
ich möchte Ihnen mitteilen, dass mein Sohn Yannick heute und morgen von Frau Stadt (Mutter von Janina) abgeholt wird.
Außerdem würden wir Ihr Angebot gerne annehmen, ein Entwicklungsgespräch über Yannick zu führen. Nächste Woche am Mittwoch habe ich Urlaub, ginge es da bei Ihnen?
Viele Grüße
Bernd Müller

Erzieher Sven Sommer liest die E-Mail und antwortet, dass er nächsten Mittwoch um 10 Uhr Zeit für das Gespräch habe. Außerdem ruft er zur Sicherheit nochmals bei Herrn Herbst an, um sich persönlich zu vergewissern, ob er richtig verstanden hat, dass Frau Stadt Yannick heute und morgen abholt. Er erwähnt, dass er Kinder nur an andere Eltern mitgeben darf, wenn dies mündlich oder in schriftlicher Form mit Unterschrift versichert wird. Herr Müller bestätigt seine Aussagen und zeigt Verständnis für diese Vorgehensweise.

Strategien:
Das Internet birgt bekanntermaßen Gefahren, vor denen auch Datenschützer warnen. Allzu vertrauliche Informationen sollten daher nicht per Mail weitergegeben werden. Praktisch sind E-Mails aber dann, wenn es darum geht, allgemeine Informationen mitzuteilen, wie beispielsweise, wann das Treffen des Elternbeirats stattfindet, oder aber, wenn wir mit Eltern, die wir nicht täglich sehen, einen Gesprächstermin vereinbaren möchten.

Wort-Spiele
Lieber Herr Müller,
ich sende Ihnen den Termin für unseren nächsten Elternstammtisch. Vorher sollten wir uns nochmals über die Inhalte unterhalten. Wann können Sie in den nächsten Tagen in die Villa Kunterbunt zu einem Gespräch kommen?
Viele Grüße
Sven Sommer

Da die Kommunikation aber auch hier nur auf schriftlichem Wege stattfindet, ist es je nach Ausdrucksweise schwierig, Missverständnissen vorzubeugen. Daher ist für eine professionelle Beziehung zu den Eltern unbedingt ein persönliches Gespräch notwendig.

E-Mail-Kommunikation bietet die Möglichkeit, Terminabsprachen mit Eltern zu treffen, die vor Ort nicht immer erreichbar sind.

Vorsicht: „Gibt es Schwierigkeiten mit meinem Sohn?"
Daten oder Informationen von Kindern sollten niemals über das Internet kommuniziert werden. Zum einen lassen sich Missverständnisse schwer ausräumen, zum anderen garantiert niemand ausreichenden Datenschutz.

4.2 Geplante Gespräche

Wie viel Zeit bleibt im täglichen Kita-Alltag zum Vorbereiten eines Gesprächs? Dies ist sicherlich eine Frage des Setzens von Prioritäten, denn Arbeit gibt es im täglichen Miteinander mehr als genug. Dabei ist mit der richtigen Vorbereitung schon ein Dreiviertel der Gesprächsarbeit getan, denn wer mental auf ein Gespräch vorbereitet ist, besitzt die nötige Ruhe und Sicherheit, um auf den/die Gesprächspartner/-in einzugehen.

Die Vorbereitung

Die Vorbereitung erfolgt sehr individuell und birgt so einige Rituale in sich. Beteiligen sich mehrere Erzieher/-innen an einem Gespräch, so müssen im Vorfeld ganz klar die Aufgaben und Rollen der pädagogischen Fachkräfte definiert und geklärt werden. Die einen fühlen sich sicher, wenn bei Elternabenden jedes Wort aufgeschrieben wird, andere legen sich ihr Konzept im Kopf zurecht und absolvieren einen Vortrag ohne einen Merkzettel, während wieder andere auf die Methode mit geschriebenen oder visuellen Stichpunkten auf Karteikarten bauen. Letztendlich sollten bei der Vorbereitung einige Faktoren bedacht werden, die im Folgenden erläutert werden.

Persönlicher Zustand

Um ein gelungenes Gespräch zu erzielen, ist der eigene Zustand von höchster Bedeutung. Sind wir in schlechter Verfassung, so sind wir meist mehr mit unserer eigenen Person beschäftigt, als dass wir uns auf unsere/-n Gesprächspartner/-in einlassen können. Es ist uns selbst und unserem/-r Gesprächspartner/-in gegenüber also nur fair, wenn wir uns vor dem Gespräch in einen guten Zustand versetzen, beispielsweise durch das Ansehen eines schönen Fotos, dem Hören unseres Lieblingssongs, dem Essen oder Trinken von etwas Gutem. Dazu sollte man sich fragen:

- Mit welcher inneren Einstellung gehe ich in das Gespräch?
- Wie kann ich mich innerhalb kürzester Zeit in einen guten Zustand versetzen?

Ziel oder Absicht des Gesprächs

Vor dem Gespräch muss überlegt werden, welches Ziel erreicht werden soll. Das Ziel muss konkret und positiv formuliert, machbar und in irgendeiner Form attraktiv für die Beteiligten sein. Ist ein Ziel oder eine Absicht unklar oder überfordernd, so wird auch die Durchführung unklar sein. Deshalb müssen etwa zwei Drittel der Vorbereitungszeit dafür eingerechnet werden, das Ziel zu formulieren und sich zu überlegen, wie das Ziel erreicht werden kann:

- Welches Ziel bzw. welche Absicht habe ich mit diesem Gespräch?
- Was möchte ich erreichen?

Mentale Einstellung auf den/die Gesprächspartner/-in
Die Visualisierung des/der Gesprächspartners/-in stimmt Sie mental auf Ihr zukünftiges Gegenüber ein. Wer sich den/die Gesprächspartner/-in vor seinem inneren Auge vorstellt, dem fällt es auch leichter, ein konkretes, machbares und attraktives Ziel zu formulieren. Beantworten Sie für sich die folgenden Fragen:

- Mit wem führe ich dieses Gespräch?
- Wer kommt zu dieser Veranstaltung heute?
- Auf wen muss ich mich einstellen?

Eine positive Gesprächshaltung, eine klare Zielformulierung und eine gute, mentale Vorbereitung sind eine gewinnbringende Voraussetzung für jedes Gespräch!

Einführungsgespräch

Merkmale
Einführungsgespräche dienen dazu, die Eltern und das Kind willkommen zu heißen, Unsicherheiten auszuräumen und Sicherheit zu vermitteln. Gleichzeitig können familiäre Strukturen wahrgenommen und geklärt werden.

Beispiel: *Familie Fluss kommt in die Kita, nachdem sie eine verbindliche Zusage der Einrichtung bekam, dass die dreijährige Mia einen Platz in der Igelgruppe bekommt. Das Team hat im Vorfeld bereits einen Bogen für das Einführungsgespräch erarbeitet, so dass jede/-r Erzieher/-in dieses Gespräch durchführen kann.*
Erzieherin Katharina Winter sitzt nun mit den Eltern an einem Tisch, während Mia sich dem Kaufladen in der Gruppe widmet. „Ich freue mich, dass Sie und Ihre Tochter ab September in unsere Igelgruppe kommen", beginnt Katharina Winter und lächelt. „Heute möchte ich mit Ihnen den Aufnahmebogen ausfüllen und Sie über unsere Gruppe informieren. Wer von Ihnen füllt den Bogen aus?" Die Eltern einigen sich darauf, dass Frau Fluss für das Ausfüllen verantwortlich ist. Katharina Winter händigt Frau Fluss einen Bogen aus und einen weiteren Bogen legt sie in die Mitte des runden Tisches, damit sie und Herr Fluss mitlesen können. Frage für Frage gehen die drei Erwachsenen den Bogen durch.

Erzieherin Katharina Winter nimmt sich Zeit für dieses Gespräch und beantwortet geduldig die Fragen der Eltern, da sie weiß, dass dieses Einführungsgespräch ein Grundstein für die weitere Zusammenarbeit zwischen Kindertagesstätte und Familie ist.

Web

Dieses Gespräch ist online als Video-Sequenz zu sehen (3. Einführungsgespräch).

Strategien

Wenn etwas Neues beginnt, sind die unterschiedlichsten Gefühle im Spiel: Freude und Neugier, aber auch Unsicherheit und Spannung. Um die vielen Eindrücke, die neue Erfahrungen mit sich bringen, für das Gegenüber angenehm zu gestalten, sind folgende Impulse von Vorteil:

- Einsetzen von Körpersprache: Wenn wir jemanden kennenlernen, beobachten wir sehr intensiv. Das werden die Eltern sogar noch in einem höheren Maße tun, schließlich werden Sie bald eine wichtige Bezugsperson im Leben des Kindes sein und somit für Bildung, Entwicklung und Wohlbefinden Verantwortung tragen. Auch hier ist die Familie als Einheit zu sehen: Die Eltern beobachten, wie Sie mit ihrem Kind umgehen, während das Kind beobachtet, wie Sie mit seinen Bezugspersonen umgehen.
- Einhalten des Distanz-Bereiches: Gerade bei Erstkontakten ist es wichtig, dem/der Gesprächspartner/-in und auch sich selbst Raum zu geben und diesen Bereich auch zu respektieren. Lediglich beim Begrüßen und Verabschieden wird dieser Bereich durch Händeschütteln betreten.
- Aufgaben häppchenweise erarbeiten: Am Anfang gibt es für Eltern und Kinder sehr viele Neuigkeiten aufzunehmen. Sie bekommen eine Liste, was alles für den ersten Tag in der Kita notwendig ist, und auch neue Regeln einer Gemeinschaft, in die sie sich erst einfügen müssen. In der Beispielkindertagesstätte „Villa Kunterbunt" werden zuerst die Besuchstage besprochen, dann die Mitbringliste, anschließend die Eingewöhnungsphase. Es ist sinnvoll, auch diese Informationen aufzuschreiben und nach jedem Punkt die Frage zu stellen: „Welche Fragen haben Sie zu diesem Ablauf/Punkt/Tag?"
- Klare, verständliche Aussagen: Ob unsere Sprache bei dem Gegenüber ankommt, merken wir an dessen Reaktion. Sätze, die lediglich ein bis zwei Informationen beinhalten, und dann eine kurze Pause, um dem Gegenüber die Möglichkeit zum Reagieren und Nachdenken zu lassen, sind für den Informationsfluss von Vorteil. Und auch hier gilt: Wenn Worte und Redewendungen des Gegenübers benutzt werden, fühlt dieser sich verstanden und ernst genommen.
- Nachfragen und Bestätigen: Für die meisten Eltern bedeutet die Anmeldung des Kindes in einer sozialpädagogischen Einrichtung den ersten Schritt des Loslassens des Sohnes/der Tochter. Sie geben ihr Kind zum ersten Mal für längere Zeit ab, vertrauen es „fremden" Personen an und einer unbekannten Umgebung. Dafür brauchen die Eltern einen Vertrauensvorschuss in den/die Erzieher/-in. Umso wichtiger ist es, bei diesem Gespräch alle sachlichen und emotionalen Fragen zu beantworten, um Befürchtungen ab- und Vertrauen aufzubauen. Hilfreich ist es, die Eltern in all Ihren Aussagen zunächst zu bestätigen.

Wort-Spiele
„Ich kann Sie verstehen, das geht anderen Eltern/mir genauso. Aber vielleicht hilft es Ihnen und Ihrem Kind, wenn …"

Zu jeder Zeit des Gesprächs sind Fingerspitzengefühl und sichtbare, authentische Freundlichkeit gefragt. Bedenken Sie auch, dass Worte zwar wichtig, die Körpersprache aber noch wichtiger ist, um einen positiven und kompetenten Eindruck zu vermitteln. Dies wird mit einer positiven Mimik – Lächeln, Nicken, leichtes Kopfschütteln bei verneinenden Aussagen – und einer offenen Körperhaltung – parallel stehende Beine und Hände, die weder verschränkt noch überkreuzt sind – erreicht.

Stets sollten sowohl Eltern als auch Kinder angesprochen werden, da es für beide der erste Schritt in eine neue Gemeinschaft ist. Machen Sie deutlich, um welche Kernaussage es in diesem Gespräch geht. Eine Kernaussage ist sicherlich, dass die Erzieher/-innen ebenso wie Eltern die bestmögliche Entwicklung für das Kind gewährleisten möchten. Deshalb ist es hilfreich, Fragen, die den familiären Bereich betreffen, aus Kindersicht zu stellen.

Wort-Spiele
- *„Mit welchen Bezugspersonen wächst Ihr Kind auf?"*
- *„Was ist das Lieblingsspiel Ihres Kindes? Wer darf bei diesem Spiel mitspielen?"*
- *„Was ist für Ihr Kind wichtig, wenn es in unsere Kita kommt?"*

Zum einen schaffen Sie so eine Verbindung zwischen der Kindertagesstätte und dem Zuhause des Kindes, zum anderen steht das Kind im zentralen Mittelpunkt des Gesprächs.

Einführungsgespräche bieten die Möglichkeit, einen Einblick in das Lebensumfeld des Kindes zu bekommen, die Ziele der pädagogischen Arbeit zu vermitteln und sich gegenseitig kennen zu lernen.

Vorsicht: „Da kommt ja ganz schön was auf uns zu!"
Viele neue Eindrücke fordern Kinder und vor allem deren Eltern, die sich Gedanken wie diese machen: „Wie wird mein Kind den Eintritt in die Kita schaffen?", „Hoffentlich findet mein Kind Freunde!" Eine Aufgabe der pädagogischen Fachkraft besteht darin, die einzelnen Schritte für Eltern machbar zu gestalten und die Aufmerksamkeit den Kindern, aber auch den Eltern zukommen zu lassen. Dazu werden den Eltern Fragen gestellt, etwa zum Wohlbefinden des Kindes oder zur neuen Situation der Eltern, die eventuell wieder anfangen zu arbeiten. Vor allem aber besteht die Aufgabe der Erzieher/-innen in diesem Moment darin, Hilfestellungen zu geben, wie die Kinder die Situation am besten meistern, indem Sie eine Mischung aus Einfühlungsvermögen und kompetenten Tipps anbieten.

Wort-Spiele
„Ich verstehe, dass jetzt einige Neuerungen auf Sie zukommen. Aus Erfahrung weiß ich, dass Eltern und Kinder Zeit zur Umstellung und Eingewöhnung brauchen. Es hilft Ihrem

Kind, wenn Sie Kindertagesstätte und Zuhause verbinden, indem Sie beispielweise Fingerspiele nachspielen, die wir hier lernen. Deshalb finden die Eltern immer unsere aktuellen Fingerspiele in der Elternpost für zu Hause."

Klärungsgespräch

Merkmale

In diesen Gesprächen geht es darum, Situationen und Gegebenheiten zu erkennen, zu analysieren und aufzulösen.

Beispiel: *Frau Müller spricht morgens die Erzieherin Silke Herbst an und erklärt: „Gestern hat mein Paul wieder erzählt, dass Leon ihn gehauen hat. Er hat heute Morgen geweint und geäußert, dass er nicht mehr in die Krippe gehen möchte."*
Silke Herbst hört ihr zu und erwidert: „Frau Müller, ich verstehe das und ich habe das vor einer Woche auch beobachtet. Ich würde gerne mit meiner Kollegin noch über den Vorfall sprechen, da ich gestern nicht in der Einrichtung war. Können Sie heute Nachmittag zu einem Gespräch kommen, dann können wir die Situation genauer besprechen?" Frau Müller stimmt dem zu.
Am Nachmittag hat Silke Herbst alle Informationen von Kolleginnen, die diese Situation beobachtet haben. Außerdem besprach sie mit ihren Kolleginnen mögliche Auslöser und pädagogische Maßnahmen. Als Frau Müller zu diesem Klärungsgespräch kommt, wird sie über das Verhalten ihres Kindes und über hilfreiche Maßnahmen informiert. Die Erzieherin sagt: „Paul hält sich immer die Ohren zu, wenn Leon ihm etwas erzählt. Das provoziert Leon und daraufhin haut er Paul. Wir werden das im Morgenkreis zum Thema machen und mit den Kinder Verhaltensvarianten erarbeiten. Wie können Sie Paul zu Hause unterstützen?" Frau Müller überlegt und sagt: „Ich werde es zu Hause auch mit einem Rollenspiel üben. Meine Tochter Sofia spielt Leon, mal sehen, welche Möglichkeiten wir finden." „Das finde ich eine gute Idee. Was halten Sie davon, wenn wir uns in einer Woche nochmals zusammensetzen und besprechen, ob und wie sich die Situation verändert hat?"
„Ja, das klingt gut", antwortet Frau Müller. „Vielen Dank für das Gespräch!" „Bitte! Ich finde es gut, wenn Sie uns über Probleme direkt informieren. Das erleichtert die Zusammenarbeit. Auf Wiedersehen, Frau Müller!" verabschiedet sich Silke Herbst.

Strategien

Zunächst einmal geht es darum, Informationen einzuholen und Wissen zu vertiefen. Je umfassender und konkreter die Informationen sind, desto besser lassen sich alle Puzzleteile zusammenfügen und Lösungsmöglichkeiten erarbeiten. Dabei müssen die Informationen sachlich und am besten schriftlich zusammengefasst sein. Dann haben Sie in herausfordernden Situationen alles „schwarz auf weiß" und können überlegen, welche Maßnahmen nötig und sinnvoll sind.

Dazu ist es ebenfalls notwendig, Zusammenhänge aufzuklären. Auch hier gilt es wieder, das Problem durch gezielte Fragen zu klären. So wird es scheibchenweise aufgedröselt und die Puzzleteile werden neu gemischt. In der Praxis kann dies durch ein Puzzle, das als Schaubild benutzt wird, veranschaulicht werden, um alle Fakten zu klären. Dies ist gerade bei sehr komplexen Problemen eine große Hilfe, da es in Teile aufgegliedert und somit übersichtlich wird:

- Auf verschiedene Puzzleteile können von unterschiedlichen Personen Fakten oder konkrete Beobachtungen geschrieben werden.
- Diese werden dann auf eine große Wandzeitung geklebt.
- Alle Beteiligten sehen sich das Puzzlebild an und überlegen anschließend:
  - Werden weitere Informationen benötigt?
  - Wer ist beteiligt?
  - Welche Lösung wird angestrebt?
  - Welche Lösungswege sind sinnvoll?

Erzieher/-innen sollten stets auf der sachlichen Ebene bleiben und nur Aussagen tätigen, die auf beobachteten Fakten beruhen, die die Sache beschreiben und die das pädagogische Handeln erklären. Beschreiben wir die eigenen Gefühle – was bezweckt, dass unser Gegenüber unser Handeln verstehen soll –, müssen wir uns bewusst sein, dass es nun nicht mehr um die Sache, sondern um unsere eigene Person geht. Dann ist es nicht verwunderlich, wenn unser Gegenüber auf der emotionalen Ebene mitgeht und das Gespräch persönlich wird.

Für ein Gespräch auf professioneller Basis und in der Rolle der pädagogischen Fachkraft ist es hilfreich, die persönliche Wahrnehmung sachlich, konkret und durch Ich-Botschaften zu transportieren.

Wort-Spiele

- *„Letzten Mittwoch im Morgenkreis war die Situation folgendermaßen: …" (konkret und genau)*
- *„Ich habe gestern noch einmal bewusst das Spiel der beiden Mädchen beobachtet. Dabei konnte ich wahrnehmen, dass …" (objektive Beobachtung)*

„Ich habe das Gefühl, dass nur mein Sohn immer von allen Kindern geärgert wird!" – Pauschalisierungen dieser Art müssen erkannt (Wörter wie z. B. immer, keiner, niemand, alle, jeder weisen darauf hin) und hinsichtlich einer Klärung aufgelöst werden. Auflösungen werden in Form von Fragen erarbeitet.

Wort-Spiele

- *„Wie meinen Sie das?"*
- *„Wen meinen Sie mit ‚alle Kinder'?"*
- *„Von welchem Kind hat Ihr Sohn schon einmal positiv berichtet?"*
- *„Wann hat Ihr Sohn das konkret erzählt?"*
- *„Je konkreter ich über die Sachlage informiert bin, desto gezielter kann ich handeln!"*

Wenn im Klärungsgespräch eine Lösung gefunden wurde, sollte diese nach einem vereinbarten Zeitraum überprüft werden, um die Effektivität zu gewährleisten. Dazu wird ein konkreter Termin festgehalten, an dem der Lösungsweg reflektiert wird. Dadurch erhalten die Einhaltung und die Arbeit am Lösungsweg eine Verbindlichkeit, an der sich alle Gesprächspartner/-innen orientieren.

Klärungsgespräche bieten die Möglichkeit, die Erzieher/-innen-Eltern-Zusammenarbeit zu intensivieren, weitere Handlungsmöglichkeiten aufzuzeigen, pädagogische Kompetenz zu vermitteln und Bereitschaft zur Auseinandersetzung aufzuzeigen.

Vorsicht: „Ich glaube, mein Kind fühlt sich hier nicht wohl!"

Bei solchen Aussagen muss oft das eigentliche Problem hinter dem geäußerten Problem erkannt werden. Hinweise dafür, dass sich hinter der dargestellten Situation ein ganz anders Problem versteckt, sind Äußerungen, die mit „Ich glaube", „Wahrscheinlich" oder Ähnlichem beginnen. Durch genaues und intensives Fragen gilt es hier, dem eigentlichen Problem auf die Spur zu kommen.

Entwicklungsgespräch

Merkmale

In einem Entwicklungsgespräch tauschen sich Erzieher/-innen und Eltern über die Entwicklung und den Entwicklungsstand des Kindes aus. Dabei wird nicht nur die professionelle Erzieher/-innen-Eltern-Beziehung gestärkt, sondern auch aktiv die positive Entwicklung des Kindes.

Beispiel: *Es ist ein Qualitätsmerkmal der Villa Kunterbunt, dass in den Krippen-, Kindergarten- und Hortgruppen mindestens einmal jährlich mit allen Eltern ein Entwicklungsgespräch durchgeführt wird. (In der Krippe wird dieses Gespräch zwei Mal jährlich durchgeführt, da die Entwicklung in diesem Alter sehr komplex ist.)*
Erzieherin Katharina Winter bereitet sich auf das Gespräch mit Susanne und Bernd Müller vor, den Eltern der fünfjährigen Sofia. Im internen Team besprachen die Kollegen bereits die motorische, soziale, sprachliche, motivationale und emotionale Entwicklung von Sofia. In einem selbst erstellten Beobachtungsbogen werden die Erkenntnisse, Fähigkeiten und mögliche Fördermaßnahmen eingetragen. Außerdem

werden gesetzlich vorgeschriebene Entwicklungsbögen und Dokumentationen nochmals besprochen.
Die Erzieherin begrüßt die Eltern von Sofia und bespricht die Entwicklung ihrer Tochter aufgrund der Beobachtungs- und Entwicklungsbögen. Diese liegen während des Gesprächs in der Mitte des Tisches, so dass jeder Einblick nehmen kann. „Welche Stärken stellen Sie bei Sofia fest? Was kann Sofia gut?", fragt Katharina Winter die Eltern. „Sie singt gerne und bewegt sich im Takt dazu. Außerdem kann sie einfache Rechenaufgaben lösen, die sie bei ihrem Bruder im Erste-Klasse-Rechenbuch entdeckt hat", erwidert Bernd Müller. „Gibt es einen Bereich, bei dem Sie Förderbedarf bei Sofia sehen?" „Wir merken bei Brettspielen in der Familie, dass Sofia schnell unkonzentriert ist und aufsteht. Wie ist das im Kindergarten?" fragt Susanne Müller die Erzieherin. Katharina Winter schildert ihre Beobachtungen und gibt den Eltern den Tipp, Sofias Bewegungsdrang ausreichend zu fördern, damit sie anschließend die nötige Ruhe und Konzentration bekommt. Dazu stellt Katharina Winter zwei Alternativen vor: „Zum einen finde ich Leichtathletik für Sofia gut, da die Kinder hier schnell rennen und Hindernisse überqueren müssen – also das Wechselspiel aus Bewegung und Konzentration. Zum anderen gibt es auch Kindertanzstunden, in denen gesungen und getanzt wird. Hier müssen sich die Kinder auch konzentrieren, um die richtigen Schritte zu lernen. Beides wird hier im Sportverein angeboten. Könnten Sie sich vorstellen, mit Sofia ein Angebot auszuwählen?" Die Eltern nicken und beschließen, sich beide Angebote gemeinsam mit ihrer Tochter anzusehen und gemeinsam auch zu entscheiden, welche Sportstunde sinnvoll ist.
Katharina Winter hat 50 Minuten für das Gespräch eingeplant und dies am Anfang den Eltern auch mitgeteilt. „Wir haben noch einige Minuten Zeit. Welche Frage haben Sie noch an mich als Erzieherin von Sofia?" So wird auch den letzten Fragen Raum eingeräumt und sie können geklärt werden.
Am Ende des Gesprächs geht Katharina Winter noch einmal auf die Stärken des Kindes ein. „Wenn Sie möchten, zeigt Ihnen Sofia noch ihr Portfolio, also ihr Ich-Buch. Darin können Sie die Entwicklung von Sofia ‚live' sehen." Gemeinsam gehen die Eltern mit der Erzieherin in die Gruppe. Sofia begrüßt ihre Eltern stürmisch und zusammen sehen sie sich Sofias Ich-Buch an. „Ein tolles Buch, Sofia! Jetzt weiß ich endlich, was du im Kindergarten machst", sagt Bernd Müller. Familie Müller verabschiedet sich von der Erzieherin. „Ich wünsche Ihnen noch einen schönen Nachmittag, bis morgen Sofia", ruft Katharina Winter.

Strategien
Der Gesprächsablauf sollte transparent sein, das bedeutet, dass Zeitplanung, Ablauf und Gesprächshilfen sichtbar gemacht werden. Je klarer der Ablauf des Gesprächs ist, desto mehr können sich alle Beteiligten auf die Inhalte konzentrieren. Gesprächshilfen, die während des Gesprächs besprochen werden, wie z. B. Beobachtungsbögen oder Dokumentationen, müssen immer für alle Beteiligten sichtbar sein. Das Mitschreiben in einem Gesprächsprotokoll, das alle Beteiligten unterschreiben und das für die Eltern kopiert wird, unterstützt die Ernsthaftigkeit und Verbindlichkeit eines Gesprächs.

Machen Sie im Gespräch deutlich, dass Sie sich, die Eltern und das Kind als Team sehen. Gerade bei Entwicklungsgesprächen und Analysen ist der Fokus auf die Stärken des Kindes und der Eltern gerichtet. Zum einen sprechen Erzieher/-innen und Eltern über die individuellen Fähigkeiten des Kindes, zum anderen ist es ein Ziel, die Ressourcen und Stärken der Eltern zu erarbeiten und zu verdeutlichen. Welche Ressourcen hat unser Gegenüber, die ihm im alltäglichen und erzieherischen Umgang mit dem Kind helfen?

Um die Verständlichkeit zu unterstreichen und die positive Beziehung zu vertiefen, gilt auch hier die Regel, in der Sprache des Gegenübers zu sprechen. Fachbegriffe – wie z. B. Motorik, motivationale Kompetenz, Logopädie oder Basiskompetenzen – sind zu erklären, da die Mehrzahl der Eltern schließlich keine pädagogische Ausbildung hat. Und nicht nur die Sprache, auch die Körperhaltung sollte wieder gespiegelt werden – so kann man sich umfassend in sein Gegenüber hineinversetzen. Dazu wird die gleiche Körperhaltung eingenommen, auch wenn diese nicht Ihre bevorzugte Sitz- oder Stehhaltung ist. Während des Gesprächs verändern Sie dann diese Haltung, und in den meisten Fällen geht ihr/-e Gesprächspartner/-in diese Veränderung mit. Ziel ist, dass die Gleichheit Ihrer Körperhaltung Sie dabei unterstützt, auf einer Wellenlänge mit dem/der Gesprächspartner/-in zu kommunizieren.

Versuchen Sie auch herauszufinden, wie Ihr Gegenüber denkt. Natürlich können Sie nicht in die Denkvorgänge Ihres Gegenübers schauen, aber Sie können einen Einblick bekommen, mit welchen Sinnen er bevorzugt denkt. Nutzen wir bei Erklärungen die gleiche Sinnessprache, so ist die Wahrscheinlichkeit, dass wir uns verstehen bzw. unser Gegenüber sich verstanden fühlt, sehr hoch.

Wort-Spiele

- *Benutzt Ihr Gegenüber eine bildhafte Sprache?*
  - *„Immer wenn ich an das denke, sehe ich vor mir …"*
  - *„Ich schau mal …"*
  - *„Ich habe gesehen …"*
  - *„Das schaut so toll aus …"*
- *Oder eine Sprache, die vom Hören ausgeht?*
  - *„Hören Sie mir zu …!"*
  - *„Das habe ich auch gehört …"*
  - *„Wann hören wir uns wieder?"*

- *Oder eine gefühlsbetonte Sprache?*
  - *„Ich fühle mich …"*
  - *„Da habe ich mich … gefühlt"*
  - *„Ich habe so ein Gefühl …"*
  - *„Das macht mich traurig/fröhlich …"*

Lassen Sie den Eltern Wahlmöglichkeiten. Beim Aufzeigen von Lösungsmöglichkeiten oder Fördermaßnahmen ist es nützlich, immer einen „Plan B" zu haben. Eine Formulierung kann sein: „Können Sie sich vorstellen, dass …, oder finden Sie … sinnvoller?" Hat unser/-e Gesprächspartner/-in eine Wahlmöglichkeit, so kann er sich zwischen zwei förderlichen Optionen entscheiden und fühlt sich nicht in eine Ecke gedrängt.

Entwicklungsgespräche bieten die Möglichkeit, die Entwicklung des Kindes zu analysieren, seine Stärken zu erarbeiten sowie evtl. mögliche Fördermaßnahmen zu evaluieren und die professionelle Erzieher/-innen-Eltern-Beziehung zu stärken.

Vorsicht: „Sie haben gesagt, Leon hat Schwierigkeiten beim Schneiden. Deshalb üben wir Schneiden jetzt zu Hause, jeden Tag und sehr intensiv!"
Vorsicht vor Überforderung der Eltern, diese wird nämlich leicht und meistens direkt an die Kinder weitergegeben. Deshalb sollten Übungen für zu Hause oder Fördermaßnahmen ganz konkret und machbar erarbeitet werden. In diesem konkreten Fall könnte das so gelöst werden: „Es wäre sinnvoll, wenn Sie Leon eine Kinderschere kaufen und ihm Bastelmaterial zur Verfügung stellen. Unter der Woche kann Leon selbst immer wieder den Umgang mit der Schere üben und am Wochenende machen Sie eine gezielte Schneideübung mit ihm."

Übergangsgespräch/Brückengespräch

Merkmale

In Übergangs- oder Brückengesprächen geht es darum, Hilfe zur Selbsthilfe zu geben, in den Phasen des Überganges zu begleiten und zu stärken sowie darum, den Ist-Stand zu evaluieren und eventuelle Fördermaßnahmen für den Übergang zu erarbeiten.

Beispiel: *Inzwischen ist es April in der Kindertagesstätte Villa Kunterbunt. In einer Woche ist Schulanmeldung und schon jetzt sind die Vorschulkinder voller Vorfreude auf diesen Tag und auf ihren kommenden neuen Lebensabschnitt. Erzieherin Katharina Winter führt mit allen Vorschuleltern ein Gespräch, um so individuelle Fragen zu klären, Stärken des Kindes aufzuzeigen und auf Impulse für einen positiven Übergang zur Schule hinzuweisen. Dabei bekommen die Eltern ein „ABC"- Blatt, dass Katharina Winters Team mit der Grundschullehrerin erarbeitet hat und auf dem Eltern diese Tipps nachlesen können. Die Mutter von Sara blickt mit gemischten Gefühlen dem Schulanfang entgegen. „Wird Sara sich solange im Unterricht konzentrieren können?", „In welchen Fächern hat Sara Schwierigkeiten?", „Wird sie sich in einer großen Klasse zurechtfinden?", „Hoffentlich ist der Lehrer geduldig!" sind einige Äußerungen, die Saras Mutter gegenüber Katharina Winter ausspricht. Die Erzieherin erarbeitet mit Saras Mutter: „Wenn Sara morgen schon* *in die Schule käme, welche Unterstützung würden Sie ihr anbieten?" Die Mutter überlegt und antwortet: „Ich nähme mir Zeit, sie zu fragen, wie es in der Schule war und säße neben ihr bei den Hausaufgaben." Katharina Winter wiederholt die Antwort fast wortgenau für die Mutter zum Überlegen. „Obwohl, vielleicht sitze ich nicht neben Sara, sondern bleibe in der Nähe für eventuelle Fragen und mache mit ihr aus, dass sie mich ruft, wenn sie Hilfe braucht", überlegt die Mutter. Anschließend werden Saras Stärken noch einmal besprochen und wie diese Stärken unterstützt werden können. Außerdem evaluiert die Erzieherin die Schulvorbereitung in der Einrichtung: Sara besuchte einen sprachfördernden Vorkurs, da ihre Muttersprache albanisch ist, zudem zeigt die Erzieherin Dokumentationsmaterial der Vorschule und auch, woran Sara mit ihrer Familie noch arbeiten kann, um eine Weiterentwicklung zu gewährleisten. „Wir besuchen auch zusammen noch eine Schulstunde und eine Pause, damit die Kinder das Schulumfeld kennenlernen", informiert Katharina Winter.*

Am Ende des Gesprächs gibt die Erzieherin der Mutter eine „Wunschkugel" in die Hand und bittet: „Schütteln Sie diese Kugel und überlegen Sie, welche Wünsche Sie Ihrer Tochter mit auf den Weg geben, damit sie ihn gut schafft." Die Mutter schüttelt und spricht die Wünsche aus. Die Erzieherin schreibt die Wünsche auf und überreicht der Mutter diesen „Wunschzettel".

„Vielen Dank für das Gespräch, nun sehe ich schon klarer und habe Vertrauen in meine Tochter, dass sie die Schule gut schafft", verabschiedet sich die Mutter. „Auf Wiedersehen, ich wünsche Ihnen und Sara eine gute Schulanmeldung!", antwortet die Erzieherin.

Strategien

Oftmals nimmt die pädagogische Fachkraft die Rolle der Vermittlerin zwischen Eltern und der nächsten Einrichtung ein. Als Brückenbauer/-in informieren Sie über die eine sowie auch über die andere Seite der Brücke. Welche Förderung übernimmt die jetzige Einrichtung und was wird in der nächsten Einrichtung passieren? Da wir über keine hellseherischen Kräfte, aber meistens über Erfahrung verfügen, sind wir für eine gute Vorbereitung zuständig. Dieser Ist-Stand wird dann sachlich und konkret formuliert.

Wort-Spiele

„Wie ich Ihnen anhand der Dokumentationen erklärt habe, entwickelte sich Semir in folgenden Bereichen sehr gut: …", „Um ihn für einen guten Schulstart zu unterstützen, empfehle ich Ihnen Folgendes: …"

Ziel des Übergangsgespräches ist, den Eltern zu helfen, ihrem Kind beim Start in einen neuen Lebensabschnitt Vertrauen zu vermitteln und so dessen Selbstvertrauen zu stärken. Bieten Sie den Eltern also Hilfe zur Selbsthilfe, beispielsweise so: „Ich möchte Sie über die positive Entwicklung Ihres Kindes und über die Hilfen, die Sie ihm zu Hause anbieten können, informieren."

Da weder die Erzieher/-innen noch die Eltern konkret wissen, wie zukünftige Situationen ablaufen werden, ist es hilfreich, „Als-ob"-Fragen zu stellen. Die Beantwortung solcher Fragen bietet den Eltern eine Auseinandersetzung mit der neuen Situation, indem sie ganz klar ihre Wünsche und Anforderungen ausdrücken. Diese konkreten Aussagen helfen Eltern dann wiederum in der neuen Situation, da sie ihre Bedürfnisse zum Wohl des Kindes sachlich und konkret ausdrücken können.

Wort-Spiele

- *„Was würden Sie in dieser Situation machen?"*
- *„Wie könnten Sie sich das vorstellen?"*
- *„Was müsste die Einrichtung vermitteln, dass Sie Ihr Kind vertrauensvoll dort anmelden könnten?"*

Wiederholen Sie Äußerungen Ihres/Ihrer Gesprächspartners/-in im „Was-wäre-wenn"-Modus: „Sie meinen also, dass ..." So hat diese/-r die Möglichkeit, das Gesagte zu reflektieren und sich nochmals damit auseinanderzusetzen. Passt die Aussage zu den Vorstellungen, dann wird dies z. B. durch Nicken bestätigt; bemerkt Ihr Gegenüber, dass die Aussage noch etwas verändert werden muss, so kann es dies korrigieren und Sie wiederholen nochmals die veränderte Version der Aussage. An der Mimik Ihres/Ihrer Gesprächspartners/-in können Sie ablesen, ob er/sie jetzt mit der Äußerung, die eine Tätigkeit oder Situation beinhaltet, einverstanden ist. Denn je konkreter sich unser Gegenüber die Situation im „Was-wäre-wenn"-Modus vorstellen kann, desto effektiver wird es handeln und das Kind begleiten.

Wort-Spiele

„Wenn ich Sie richtig verstanden habe, meinen Sie, dass Sie sich vorstellen könnten, solange neben Sara zu sitzen, bis sie mit der Hausaufgabe fertig ist. Oder?"
Hier empfiehlt es sich, langsam zu sprechen, damit sich Bilder oder Gefühle in der Vorstellung des Gegenübers aufbauen können, mit denen es überprüft, ob das Gesagte optimal ist. Wichtig ist auch das „Oder" und eine Pause am Schluss – so hat der/die Gesprächspartner/-in die Möglichkeit, das Gesagtes zu korrigieren.

Wünsche geben Sicherheit, daher dürfen Eltern sich für Ihr Kind etwas wünschen und bieten im durch diesen Wunsch schon Unterstützung. Denn beim Formulieren eines Wunsches setzt sich derjenige, der diesen Wunsch formuliert, schon mit dessen Umsetzung auseinander. Es empfiehlt sich die Ergebnisse des Gesprächs den Eltern schriftlich mitzugeben.

Übergangsgespräche/Brückengespräche bieten die Möglichkeit, Ressourcen aufzuzeigen, neue Situationen zu klären und konkrete Möglichkeiten zur Entwicklungsbegleitung zu erarbeiten.

Vorsicht: „Ich wünsche mir, dass mein Kind bestmögliche Schulleistungen erbringt!"
Wenn Sie das Gefühl haben, dass die Wünsche zu hoch gegriffen oder ausschließlich aus Sicht der Eltern formuliert sind und das Kind damit eher unter Leistungsdruck gesetzt wird, so ziehen Sie die Eltern in die Verantwortung, indem Sie z. B. fragen: „Wie unterstützen Sie Ihr Kind, damit dieser Wunsch in Erfüllung geht?" und erarbeiten machbare Lösungen.

Elternabende

Merkmale

Bei Elternabenden geht es vorrangig um das Weitergeben von Informationen und Fachwissen, sie bieten aber auch eine gute Gelegenheit zum Erfahrungsaustausch, zum gegenseitigen Kennenlernen und zum Vertiefen des professionellen Erzieher/-in-Eltern-Kontaktes.

Beispiel: *Die alljährliche Umfrage hat ergeben, dass sich Eltern von Krippen-, Kindergarten- und Hortkindern einen Elternabend zum Thema „Konflikte" wünschen. Dazu bereitet jede pädagogische Fachkraft einen Teil vor. Hort-Erzieher Sven Sommer erarbeitet mit seiner Kollegin den Teil „Konflikte zwischen Geschwistern", das Krippen-Team von Silke Herbst ist verantwortlich für „Konflikte zwischen Eltern und Kindern" und die Kindergarten-Kolleginnen setzen sich mit „Sinnvolles Handeln in Konfliktsituationen" auseinander. Es gibt für jeden Teil ein 15-minütiges Einführungsreferat, dann eine Video-Sequenz oder ein Rollenspiel zur Verdeutlichung und anschließend eine Diskussionsrunde. Für den Schluss haben die Praktikantinnen eine Geschichte zum Thema „Konflikte" ausgesucht. Am Tag vor dem Elternabend gehen die Mitarbeiter nochmals den Ablauf und ihre Aufgabenbereiche durch. Hier werden Aufgaben und Rollen konkret verteilt und ein ungefährer zeitlicher Rahmen festgelegt. Gesprächsausschnitte dieser Sitzung:*

- *„Silke, ich fände es wichtig, dass du bitte die Rolle der Moderatorin bei der Diskussionsrunde übernimmst!"*
- *„Als Leiterin übernehme ich die Begrüßung, teile allgemeine Informationen mit und erkläre den Ablauf!"*
- *„Ich bin die Zeitmanagerin. Damit wir alle drei Teile schaffen, gebe ich den jeweils Vortragenden ein Zeichen. Dann kommt ihr bitte langsam zum Schluss!"*
- *„Wichtig ist, dass wir im Team eine Meinung vertreten. Wenn eine Kollegin etwas erklärt, kann geholfen, aber nicht gekontert werden."*
- *„Wir stellen Sitzreihen. Die Erzieher sitzen zwischen den Eltern, als Leitung ist es geschickt den Überblick zu behalten, deshalb sitze ich hinten."*
- *„Und jetzt: alle Hände aufeinander und wir verkünden unseren Teamspruch!"*

Nachdem der Ablauf auf einer großen Wandzeitung festgehalten ist und die Rollen und Aufgaben verteilt sind, blicken die Teammitglieder positiv auf den Beginn des Elternabends.

Strategien:
Je klarer die Aufgaben verteilt sind, desto gezielter kann der/die Einzelne agieren und kompetent handeln. Auch für Eltern ist somit klar, wer an diesem Abend wofür als Ansprechpartner zuständig ist. Während des Elternabends fungieren die pädagogischen Fachkräfte in verschiedensten Rollen und somit auch mit den entsprechenden Kommunikationsmustern. Alle Rollen sind gleich wichtig und ergänzen sich in der Summe zu einem kompetenten Elternabend!

Hier die Rollen und Kommunikationsmuster im Überblick:

Rolle	Wort-Spiele
Gastgeber	– Begrüßen: „Wir als Team freuen uns über Ihr Interesse!" – Vorstellen des Teams und des Ablaufs: „Meine Kollegen und ich haben uns folgende Struktur/Reihenfolge überlegt: ..." – Informieren über Organisation: „An der Seite stehen Getränke für Sie bereit. Sie dürfen sich sehr gerne und jederzeit daran bedienen." – Small Talk: „Guten Abend, Frau Müller. Schön, dass Sie gekommen sind." – Verabschiedung: „Nach so einem stimmungsvollen Gedicht, wünsche ich Ihnen im Namen des gesamten Teams einen guten Nachhauseweg."
Moderator	– Kurze Zusammenfassung des Inhalts: „Wir werden heute Abend über Konfliktsituationen zwischen Geschwistern informieren." – Aufstellung einer These: „Rituale sind wichtig, um Konfliktsituationen aufzulösen." – Anschließende Fragen an die Teilnehmer/-innen: „Welches Ritual haben Sie zu Hause in Konfliktsituationen hilfreich praktiziert?" – Bestätigen und Klarstellen: „Das war ein wichtiger Einwand, Frau Müller. Habe ich es richtig verstanden, dass ...?" – Verbindung zwischen Eltern und pädagogischen Fachkräften herstellen: „Welche Tipps geben die Erzieher/-innen den Eltern zum Thema ‚Konflikte' und welche Tipps geben die Eltern den Erziehern/-innen?", „Welche Gemeinsamkeiten können wir bei Konflikten im Elternhaus und in der Kita feststellen? Welche Unterschiede gibt es?"

Rolle	Wort-Spiele
Wissens-vermittler	– Inhalte eines Themas verständlich und für das Zielpublikum aufbereitet vermitteln: „Konflikte bieten ein breites Handlungs-spektrum und fordern uns als Pädagogen und Eltern immer wieder heraus. Wir haben das Thema in drei Teile untergliedert, die wir Ihnen jetzt vorstellen: ..." – Impulse ohne pädagogischen Zeigefinger: „Aus meiner Erfahrung ist es hilfreich, dass ..." , „Eltern haben berichtet, dass sie in herausfordernden Situationen ...", „Manchmal ist es sinnvoll, dass ..." – Fragen zur Klärung stellen: „Wir haben über Konfliktsituationen zwischen Eltern und Kindern gesprochen! Gibt es zu diesem Thema noch eine Frage oder eine Anmerkung?"
Zeitmanager	– Den zeitlichen Überblick behalten und das auch den Eltern signalisieren: „Damit wir im zeitlichen Rahmen bleiben, gebe ich den Vortragenden ein akustisches Signal, zehn Minuten bevor die nächste Einheit beginnt." (Das Signal muss aber dezent sein, sonst lenkt es die Aufmerksamkeit vom Vortag ab.)
Allgemeiner Ansprech-partner	– Präsenz zeigen durch Blickkontakt, interessierte Körperhaltung und das Stellen von gezielten Fragen: „Guten Abend, darf ich Ihnen etwas zu trinken anbieten?", „Hier sitzen schon Eltern aus Ihrer Gruppe, möchten Sie sich dazu setzen?" – Aufmerksamkeit für den/die einzelne/-n Teilnehmer/-in durch Small Talk oder konkrete Fragen zum Thema im Einzelgespräch: „Hallo Frau Müller, wie fanden Sie den Vortrag zu Konflikten unter Geschwistern? Welche Meinung haben Sie zu diesem Thema?"

Bereiten Sie vor einem Elternabend die unterschiedlichen Rollenprofile vor. Welche Rollen können Sie in Ihrem Team noch ergänzen? Beobachten Sie während des Elternabends die verschiedenen Rollenträger und Persönlichkeiten und besprechen Sie dann anschließend im Team:

- Fühlte ich mich in meiner Rolle wohl? Weshalb oder weshalb nicht?
- Entspricht die Rolle meiner Persönlichkeit?
- Welche Erfahrungen habe ich in dieser Rolle während des Elternabends gemacht?

- Was ist mir wichtig gewesen beim Ausführen dieser Rolle?
- Welcher Satz oder welche Worte fielen mir auf? Wie war die Reaktion meines Gegenübers?

Gestalten wir einen Elternabend, so setzen wir uns im Team vorher mit dem Thema auseinander. Diese Wissensbereicherung und Auseinandersetzung unterstreicht die Kompetenz des Teams und der Einrichtung. Dies wird auch am Elternabend zum Ausdruck gebracht.

Wort-Spiele
„Natürlich haben wir uns im Team über Lösungsstrategien Gedanken gemacht. Wir haben gemerkt, dass ... und sind dabei zu dem Entschluss gekommen, dass ..."

Bei Elternabenden gilt wie bei allen Veranstaltungen mit Gruppen die Devise: Mit Reizen nicht geizen! Das bedeutet, mit allen Sinnen zu kommunizieren, also Aussagen und Informationen auf unterschiedlichen Ebenen zu transportieren, damit alle „Sinnes"-Typen erreicht werden. Das Gesprochene wird mit Bildern und Körpersprache unterstrichen, Schlagworte und Kernaussagen werden schriftlich oder symbolhaft präsentiert und Emotionen werden angesprochen, indem Gute-Laune-Musik oder metaphorische Gedichte – abwechselnd in moderner oder klassischer Form – eingesetzt werden. Somit werden Worte mit Bildern und positiven Emotionen unterstrichen.

Elternabende bieten die Möglichkeit, persönliche und Team-Kompetenz zu vermitteln.

Vorsicht: „Wie praktizieren Sie aktive Konfliktlösung in der Einrichtung?"
Ein Elternabend bedeutet immer eine Vorstellung des gesamten Teams. Eltern spüren und beobachten genau, wie die Stimmung im Team ist, und übertragen diese Beobachtungen auf die Kompetenz der Einrichtung. Die Erkenntnis, dass viele kompetente Persönlichkeiten hier als Team arbeiten, wird auch durch Sprache deutlich.

Auf Fragen von Eltern, die direkt an das Team gerichtet sind, antwortet ein Teammitglied. Ergänzungen sollen, wenn unbedingt notwendig, mit Sätzen eingeleitet werden wie: „Wie meine Kollegin sagte, arbeiten wir mit Konflikten nach dem Motto ... Dabei ist uns auch ... wichtig!" Somit wird es als Ergänzung deutlich und stellt nicht die Kompetenz der Kollegin in Frage.

Organisierte Gesprächsgruppen

Merkmale
In organisierten Gesprächsgruppen geht es vorrangig darum, sich zu einem bestimmten Thema, an dem alle Beteiligten interessiert sind, auszutauschen und Wissen und Erfahrungen zu teilen. Doch auch das gegenseitige Kennenlernen ist Teil dieser Gespräche.

Beispiel: *Jeden ersten Dienstag im Monat treffen sich einige Eltern der Krippengruppe in der Villa Kunterbunt. Von 14 bis 15.30 Uhr tauschen die Eltern ihre Erfahrungen aus und setzen sich mit Themen wie der Trotzphase, der frühkindlichen Entwicklung und dem Übergang in den Kindergarten auseinander. Erzieherin Lisa Winter begleitet die Gruppe und hat die Rolle der Moderatorin. Da sie an diesem Dienstag auf einer wichtigen Fortbildung ist, weist sie ihre Krippen-Kollegin ein, damit diese die Gruppe leiten kann.*
„Vielen Dank, Tina, dass du die Elterngruppe übernimmst. Ich erkläre dir gleich deine Aufgaben:
Zunächst begrüßt du die Eltern und erklärst das Thema, über das gesprochen wird. Letztes Mal haben die Eltern abgestimmt, dass sie über die sprachliche Entwicklung im Kindesalter diskutieren möchten. Ich habe hier einen Fachbeitrag über sprachliche Entwicklung. Daraus schreibst du die wesentlichen Fakten an das Flipchart und erklärst diese kurz. Wir können gleich noch überlegen, wo Sprachentwicklung in der Krippe stattfindet. Dies schreiben wir dann auch auf das Flipchart. Anschließend fragst du die Eltern, welche Erfahrungen sie mit der sprachlichen Entwicklung machen.
Ich habe Diskussionsregeln mit den Eltern ausgemacht: aussprechen lassen und wertschätzend dem anderen zuhören, also keine Nebengespräche während der Diskussion. Du leitest die Diskussion, indem du Eltern nach ihrer Meinung fragst und beobachtest, wer noch etwas sagen möchte. Abgerundet wird die Diskussion mit der Runde ‚Von Eltern für Eltern'. Die Eltern werfen sich den Ball zu und jeder gibt einen Tipp zu dem Thema ab, den er den anderen Eltern mitteilen möchte.
Am Ende werden von den Eltern die Themen für das nächste Treffen bestimmt, diese werden auf den Kärtchen aufgeschrieben. Dann wird abgestimmt: Jede Teilnehmerin und jeder Teilnehmer erhält einen Stein, den er zu einem der Kärtchen legt. Du verkündest das Thema, bei dem die meisten Steine liegen, und verabschiedest die Eltern.
Ich habe dir die Abfolge auf den Flipchart-Bogen geschrieben, den hängst du an der Wand auf, und so können die Eltern und du den Ablauf verfolgen.
Soviel zum Organisatorischen. Welche Fragen hast du noch?"

Einen Einblick in diese Gesprächsgruppe finden Sie online als Video-Sequenz (5. Gesprächsgruppe). Web

Strategien

Wer in Gesprächskreisen die Rolle des/der Moderators/-in übernimmt, bleibt sachlich und distanziert sich von einer spezifischen Meinung zu dem Thema – außer wenn nach der Meinung der pädagogischen Fachkraft gefragt wird. Dann wird dieser Rollentausch aber auch verbal weitergegeben.

Wort-Spiele

- *„Meiner Erfahrung nach …"*
- *„In unserer Kitagruppe gibt es folgende Regel: …"*

Bei Gesprächsgruppen bedeutet moderieren:

- den Überblick behalten,
- den Ablauf strukturieren,
- die Teilnehmer/-innen zu Wort kommen lassen,
- Inhalte neutral kommentieren,
- Materialien einbeziehen, die Gesprächsregeln oder Inhalte unterstützen,
- Inhalte zusammenfassen,
- Verabschiedung und Ausblick auf das nächste Treffen.

Die Ziele des/der Moderators/-in bei einer Gesprächsgruppe bestehen darin, die Teilnehmer/-innen zur Reflexion ihres Handelns zu bewegen, zur Auseinandersetzung mit einer Thematik anzuregen und Wissenserweiterung zu ermöglichen. Gerät eine Diskussion oder ein Erfahrungsaustausch ins Stocken oder sind die Teilnehmer/-innen sehr verhalten in ihren Antworten, so kann der/die Moderator/-in diesen Prozess auch durch eine übertreibende oder verwirrende Aussage vorantreiben. Natürlich muss diese Aussage immer noch wertschätzend und im pädagogischen Rahmen bleiben.

Wort-Spiele

- *„Nehmen wir mal an, Sie kaufen Ihrem Kind jeden Tag eine Belohnung, weil es Hausaufgaben gemacht hat. Was passiert Ihrer Meinung nach?"*
- *„Ich möchte, dass Sie diese Aufgabe mit Ihrem Nachbarn lösen. Dazu schalte ich das Radio ein, dann haben wir ein bisschen Unterhaltung. Ach so, und ich telefoniere nebenbei mit meiner Kollegin, es stört Sie doch nicht, oder?" Die Moderatorin spricht sehr laut am Telefon und lässt das Radio laufen. Nach der Aufgabenlösung wird das Zusammenspiel von Hintergrundgeräuschen und Konzentration reflektiert. Dabei erklärt die Moderatorin, welche Auswirkungen akustische Reize haben.*

Organisierte Gesprächsgruppen bieten die Möglichkeit, Eltern zum Austausch anzuregen, Impulse von Gleichgesinnten zu bekommen und einer organisierten Gruppe einen wertschätzenden Rahmen zu geben, um sich mit bestimmten Themen zu beschäftigen.

Vorsicht: „Können Sie uns kein Rezept für den Umgang mit unserem Kind geben?"

Die Kunst bei einer Interessengruppe ist auch, das Interesse zur Auseinandersetzung zu wecken. Wenn vorgefertigte Ideen und „Rezepte" geliefert werden, setzen sich die Wenigsten mit der eigentlichen Thematik auseinander und der Erfolg ist mittelmäßig. Viel effektiver sind Impulsfragen, die auch im „Als-ob"-Stil sein können.

Wort-Spiele

- *„Sie haben jetzt die Erfahrung von Frau Müller gehört. Wie können Sie das bei Ihrem Kind umsetzen?"*
- *„Wenn ein Kind einen Trotzanfall bekommt, wird geraten, bei dem Kind zu bleiben, um ihm zu signalisieren: ‚Ich bin trotzdem bei dir!' Was finden Sie wichtig, damit Ihr Kind spürt, dass Sie bei ihm sind?"*
- *„Was würde Ihnen helfen, damit Sie die Situation in den Griff bekommen?"*

4.3 Gesprächshilfen

Bei Gesprächshilfen gilt: Alle Beteiligten haben jederzeit Einblick in die Gesprächshilfe. Eltern sollen Einblick in diese offiziellen Aufzeichnungen, Dokumentationen oder Beobachtungsbögen bekommen, denn schließlich geht es bei den Gesprächen um ihr Kind.

Eine Ausnahme bieten Protokolle, die während des Gesprächs oder einer Sitzung erstellt werden. Hier ist es in Ordnung, wenn der/die Protokollant/-in dieses erst nach Überarbeitung für das allgemeine Lesen zur Verfügung stellt.

Häufig verwendete Gesprächshilfen in der Kommunikation mit Eltern

- Beobachtungsbögen: Diese sind zum Teil selbst entwickelt oder vom Bundesland verpflichtend vorgegeben. Inwiefern die Eltern Einsicht haben, sollte das Personal entscheiden. Wenn sie aber im Gespräch bereitliegen, sollten sie für alle Beteiligten einsehbar sein.
- Portfolios: Diese Dokumentationsmappe bzw. das Ich-Buch liegt im Bestimmungsrecht der Kinder, da es um ihre persönliche Entwicklung im Tagebuch-Stil geht. Wenn diese Mappe im Gespräch gezeigt werden soll, dann muss auf jeden Fall das Kind um Erlaubnis gefragt werden, sonst besteht ein Vertrauensbruch. Es bietet sich an, das Portfolio nach Beenden des Gesprächs vom Kind selbst zeigen zu lassen. Zum einen wird Ihre Arbeit transparent, zum anderen wird die Begegnung positiv beendet.
- Dokumentationen: Fotos, Collagen oder Werke des Kindes werden als Anschauungsmaterial und zur Verdeutlichung der Entwicklung genutzt.
- Agenden: Eine Agenda ist ein Gesprächsplan und dient als roter Faden des Gesprächs. Die Beteiligten tragen im Vorfeld die Inhalte des Gesprächs und evtl. deren geplante Besprechungsdauer ein. Dies empfiehlt sich bei Elternbeiratssitzungen oder Elterngesprächsrunden. So kennen alle Gesprächspartner/-innen Inhalte der Besprechung und können sich während der Sitzung daran entlanghangeln.
- Gesprächsprotokoll: Ein/-e Protokollant/-in schreibt das Gespräch mit, fasst Inhalte zusammen und bringt diese auf den Punkt. Zeitnah können alle Beteiligten dieses so entstandene Gesprächsprotokoll einsehen.

Kreative Gesprächshilfen

Um die Effektivität eines Einzel- oder Gruppengesprächs zu steigern, eignen sich kreative Methoden. So kann eine Sequenz aus einem Bilderbuch oder eine metaphorische Geschichte die Inhalte des Gesprächs noch einmal in einen anderen Blickwinkel rücken und die Teilnehmer/-innen auf einer weiteren Ebene zum Nachdenken anregen. Doch Vorsicht vor Witzen oder lustigen Anekdoten: Humor ist sehr vielschichtig und unterschiedlich. Was eine Person lustig findet, wird bei anderen vielleicht als ernstes Thema angesehen oder wirkt zynisch.

Hier eine Auswahl an kreativen Gesprächshilfen:

- Metaphorische Geschichten: Sie beschreiben ein bestimmtes Thema als Märchen, Gleichnis oder Erzählung und sprechen somit auf unterschiedlichen Ebenen an.
- Gedichte: Ein Thema wird spielerisch oder nachdenklich umschrieben und gleichzeitig auf den Punkt gebracht.
- Zitate: Weisheiten von anderen Menschen unterstützen Thesen, Besprechungspunkte und Gesprächsinhalte.
- Lieder, Musik, Klänge: Wenn uns die Worte fehlen oder wir genug geredet haben, ist es wohltuend, eine wirkungsvolle Musik oder selbstproduzierte Klänge zu hören. Als Motivator kann fetzige Musik eingesetzt werden und auch Lieder, deren Texte zum Inhalt passen, sind wirkungsvolle Methoden.
- Symbole: Sie helfen dabei, den Inhalt bildlich darzustellen. Bei der Auswahl wird das abstrakte Denken angeregt und die Fähigkeit gefördert, seine Gedanken auf den Punkt zu bringen.
- Sinnesmaterial: Durch Tasten, Fühlen, Sehen, Hören oder Schmecken wird ein Inhalt ganzheitlich dargestellt und die Botschaft mit allen Sinnen erlebt.

Wort-Spiele

- *„Anhand dieses Bogens und in Absprache meiner Teamkollegen habe ich mich auf das heutige Gespräch vorbereitet. Werfen wir gemeinsam einen Blick hinein!"*
- *„Dieses Portfolio, das Ihnen im Anschluss an das Gespräch von Sofia gezeigt wird, ist ein Ich-Buch. Darin dokumentieren Sofia selbst und wir ihre Entwicklung!"*
- *„In diesem Gesprächsprotokoll werden die Ergebnisse des heutigen Gesprächs zusammengefasst. Sie erhalten eine Kopie."*
- *„Suchen Sie sich bitte in diesem Raum ein Symbol für …"*
- *„… und zum Schluss noch eine Geschichte zum Thema."*

5 Während des Gesprächs

Während eines Gesprächs erleben wir die unterschiedlichsten Reaktionen, und auch wir reagieren auf verschiedenste Reize. Besonders in Situationen, die wir als Herausforderung sehen, gilt es, gelassen zu bleiben. Situationen, die Missverständnisse oder Konfliktpotenzial bieten, in denen wir Kritik äußern oder besonderen Klärungsbedarf haben, gilt es kompetent zu meistern. Die Kunst besteht darin, den roten Faden des Gesprächs nicht aus der Hand zu geben und die Hauptintention, nämlich zum Wohle des Kindes zu agieren, im Blick zu behalten.

Da ist es klar von Vorteil, Fachwissen und Gesprächshelfer für besondere Situationen als Gesprächsgrundlage zu haben.

Ein Teamspiel zur Übung gelingender Gespräche finden Sie im Online-Material. (Blatt 7) Web

Eine aktive Präsenz – körperlich und geistig anwesend zu sein – bildet eine gute Grundlage für kompetentes und flexibles Agieren.

5.1 Genaues Beobachten

Beobachten ist die Grundlage jeder Interaktion. Genaues Beobachten in Gesprächssituationen setzt zunächst Wertfreiheit voraus, wir müssen also die Situation bzw. die Person beobachten, ohne sie zu bewerten: Was sehen, hören oder riechen wir?

Beispiel: *Erzieherin Katharina Winter beobachtet Sofias Mutter Frau Müller, ohne diese zu bewerten, und erkennt die folgenden Dinge:*

- *Körperhaltung: Schultern hängend, Oberkörper leicht nach vorne gebeugt*
- *Gangart: aufrecht, leicht nach vorne gebeugt gehend*
- *Äußeres: gepflegt, keine Auffälligkeiten*
- *Sprache: verständliches Deutsch mit bayerischem Dialekt*
- *Mimik: kneift beim Sprechen die Augen zusammen*
- *Gestik: deutlich, unterstützt die Sprache mit ihren Händen*
- *Stimme: deutlich, leicht singend*
- *Sinneskanal: spricht sehr oft in bildhafter Sprache: „Ich habe gesehen …", „Ich stelle mir vor …"*
- *Blickkontakt: hält Blickkontakt beim Reden*

- *Händedruck: mit umschließenden Fingern*
- *Sonstiges: streicht Sofia beim Verabschieden immer über den Kopf, fragt mich immer nach Tipps für ihren Garten*

Diese Beobachtung erfolgt innerhalb weniger Minuten. Unser Gehirn filtert die für uns wichtigen Informationen heraus und speichert sie.

Weshalb beobachten wir? Zum einen beobachten wir, um eine Person kennenzulernen. Jede Beobachtung ist eine Momentaufnahme. Sehen wir jede Beobachtung als Puzzleteil, so lernen wir mit dem Aneinanderfügen von vielen Puzzleteilen den Menschen umfassend und in seiner Gesamtheit kennen. Zum anderen beobachten wir, um festzustellen, wann sich eine Person anders verhält als wir es von ihr gewöhnt sind.

Beispiel: *„Frau Müller ist seit einigen Tagen anders als sonst", erzählt Erzieherin Katharina Winter ihrer Kollegin. „Woran kannst du das erkennen?", fragt ihre Kollegin interessiert nach. „Wenn ich sie morgens begrüße, sagt sie undeutlich ‚Guten Morgen' und sieht dann gleich weg. Beim Abholen zeigt sie das gleiche Verhalten. Ich habe schon überlegt, ob irgendetwas in der Kita oder mit Sofia vorgefallen ist, kann mich aber an nichts erinnern", erzählt Katharina Winter.*
„Du hast zwei Möglichkeiten: Entweder du sprichst sie direkt darauf an und erzählst ihr deine Beobachtungen oder du bist präsent, grüßt sie mit Blickkontakt und wartest, bis sie dich anspricht", erklärt die Kollegin. „Vielen Dank für die Tipps. Ich überlege es mir", verabschiedet sich Katharina Winter.

Beobachten wir bei Eltern Verhaltensänderungen und haben keine offensichtliche Erklärung, so haben wir zwei Möglichkeiten:

- Präsent sein und Abwarten: Sehen wir keinen direkten Handlungsbedarf, so bleibt es uns und unserer Geduld überlassen, abzuwarten, bis die Mutter oder der Vater von sich aus erzählt. Durch aktive Präsenz wird die Bereitschaft zum Gespräch vermittelt.
- Direkte Konfrontation: Bei der direkten Konfrontation stellen wir sensibel Fragen, die zunächst im neutralen Stadium beginnen und eine wertfreie Beobachtung beinhalten, und erfragen anschließend einfühlsam die eigentliche Thematik.

Beispiel: *Katharina Winter geht am nächsten Morgen auf Frau Müller zu: „Guten Morgen, Frau Müller! Guten Morgen Sofia! Wie geht es den Geschwistern Paul und Yannick?" Frau Müller berichtet, dass es beiden gut geht und bringt Sofia in den Gruppenraum. „Tschüss Sofia", verabschiedet sich Frau Müller und geht. Die Erzieherin fragt Frau Müller im Gehen: „Ist alles in Ordnung, Frau Müller? Ich beobachtete in letzter Zeit, dass Sie wenig Zeit beim Bringen und Abholen haben." „Eigentlich bin ich ziemlich im Stress", erklärt Frau Müller und bekommt feuchte Augen. „Sollen wir kurz in das Gesprächszimmer gehen?", fragt die Erzieherin. Frau Müller nickt. „Mein Vater liegt gerade im Krankenhaus und ich muss ihn täglich besuchen, mit Ärzten sprechen usw. Es ist sehr anstrengend." „Ich verstehe", erwidert Katharina und überlegt. „Würde es Ihnen helfen, wenn die Buchungszeit der Kinder für die nächste Zeit erhöht wird und Sie nach dem Krankenhaus ein paar Minuten Zeit für sich haben?" „Das wäre eine gute Idee. Ich bespreche das mit meinem Mann und gebe Ihnen morgen Bescheid. Danke, Frau Winter", verabschiedet sich Frau Müller. „Sehr gerne, und alles Gute", erwidert die Erzieherin.*

In der wertfreien Beobachtung lernen wir immer wieder neue Seiten des/der Gesprächspartners/-in kennen und bewahren uns davor, ihn/sie in eine Schublade zu stecken. Somit haben wir die Möglichkeit, die vielen Facetten seiner/ihrer Persönlichkeit kennenzulernen. Daraus erschließen sich Fähigkeiten und Ressourcen, die im Umgang mit dem Kind von Vorteil sind.

Jede Beobachtung ist eine Momentaufnahme!

5.2 Aktives Zuhören

Aktives Zuhören bedeutet, die volle Aufmerksamkeit auf den/die Gesprächspartner/-in zu richten. Was sagt mir diese Mutter? Welche Bedeutung und Konsequenzen haben die Worte des Vaters? Aktives Zuhören können wir folgendermaßen signalisieren:

- offene Körperhaltung, dem Gegenüber zugewandt
- Blickkontakt immer wieder aufnehmen
- Nachfragen zum eigenen Verständnis (z. B.: „Habe ich Sie richtig verstanden, dass ...?")
- Nachfragen, um eine Rückmeldung des Gegenübers zu bekommen (z. B.: „Wie haben Sie das empfunden?")
- Bestätigen des Gesagten (z. B.: „Ich kann gut nachvollziehen, dass Sie ...")
- Abfragen der sinnesspezifischen Eindrücke (z. B.: „Wie sehen Sie die Situation? Was haben Sie gehört?")
- Wiederholen von Worten, Sätzen, Redewendungen
- Zusammenfassen von Kernaussagen (z. B.: „Zusammenfassend könnten wir also sagen, dass ...!")

Letztendlich sehen wir an der Reaktion des Gegenübers, ob wir aktiv zugehört und die Situation richtig verstanden haben. Das dient als Voraussetzung, um zu einem produktiven Ergebnis zu gelangen oder um als Wegbegleiter akzeptiert zu werden.

Aktives Zuhören gewährleistet Aufmerksamkeit. Bekommt unser/-e Gesprächspartner/-in diese positive Aufmerksamkeit, so bekommt er/sie das Gefühl, angenommen und akzeptiert zu sein. Das ist eine gute Basis, um gemeinsam für das Wohlergehen des Kindes zu arbeiten, und ein guter Nährboden für eine wertschätzende, professionelle Beziehung.

Wort-Spiele

- *„Wie Sie gerade gesagt haben, ..."*
- *„Aus Ihren Erzählungen höre ich ... heraus. Stimmen Sie dem zu?"*
- *„Folgende Informationen habe ich nun schon: ... Damit ich mir einen Gesamtbild machen kann, muss ich Folgendes noch wissen ..."*

Aktives Zuhören signalisiert echtes Interesse am anderen!

5.3 Faire Kritik

Ein Ziel von fairer Kritik ist, den/die Gesprächspartner/-in auf seinem/ihrem Weg zu einer gewinnbringenden Veränderung zu begleiten. Gewinnbringend bezieht sich auf die Person selbst und auf sein Umfeld. Die Veränderung bezieht sich auf ein kontraproduktives oder unangebrachtes Verhalten in einer speziellen Situation.

Kritik ist nur dann erfolgreich, wenn dem/der Gesprächspartner/-in aufgezeigt bzw. gemeinsam mit ihm/ihr erarbeitet wird, wie und wofür sich das Verhalten ändern soll:

- Welche Vorteile zeigt der Kritiker dem Kritisierten auf, die er und sein Umfeld von einer Veränderung seines Verhaltens haben?
- Welche persönlichen Fähigkeiten kann der Kritisierte einsetzen, um selbst etwas zu verändern?
- Welche Priorität hat die Veränderung im Leben des Kritisierten?

Wer Kritik ausübt, ist also bereit, mit dem/der Kritisierten neue Lösungswege zu erarbeiten. (Um Missverständnisse zu vermeiden: Dies schließt eine therapeutische Ausübung aus, da diese Aufgabe nicht zu unseren pädagogischen Leistungen gehört und eine spezielle Ausbildung notwendig ist. Aber es schließt nicht aus, dass wir, wenn nötig, weitere Maßnahmen vermitteln können.)

Faire Kritik wird im geschützten Rahmen ausgeübt.

Faire Kritik bedeutet, jemanden wertschätzend, mit einer positiven Absicht und unter folgenden Regeln zu kritisieren:

- Unter vier Augen: Faire Kritik wird im geschützten Rahmen ausgeübt, wo nur die Beteiligten zuhören.
- Auf der sachlichen Ebene: Fakten und wertfreie Beobachtungen werden analysiert.

- Ich-Botschaften: Der/die Kritiker/-in spricht in Ich-Botschaften und hält die Kritisierten an, dies auch zu tun.
- Möglichkeit zur Rückmeldung: Alle Beteiligten müssen die Möglichkeit haben, ihre Sichtweise zu erläutern.
- Prompt und konkret: Faire Kritik erfolgt zeitnah und wird ganz konkret geäußert.
- Zielführend: Faire Kritik hat zum Ziel, eine adäquate Lösung für alle Beteiligten und deren Umfeld zu finden.

Wort-Spiele

- *„Ich möchte das gerne unter vier Augen mit Ihnen besprechen!"*
- *„Wie beurteilen Sie die Situation?"*
- *„Gestern habe ich beobachtet, dass Sie …"*
- *„Entspricht mein Beobachtetes auch dem, wie Sie die Situation wahrnehmen?"*

Faire Kritik bedeutet sachlich, konkret, im geschützten Rahmen und durch Ich-Botschaften den/die Gesprächspartner/-in zielführend zu begleiten.

5.4 Missverständnisse klären

Im Klärungsprozess von Missverständnissen kann eine klärende Aussage so lauten: „Aber ich habe das so gar nicht gemeint, da haben Sie mich missverstanden. Das tut mir leid!"

Was bedeutet Missverständnis?
Missverständnisse ergeben sich aus unklaren Aussagen, ungenauen Interpretationen, Missdeutungen und der falschen Auslegung von Beurteilungen.

Wenn Missverständnisse vorliegen, äußert sich das durch Unzufriedenheit, Provokation, Sticheleien, Unsicherheit, Streit, Isolation, Vorurteile, Verbreiten von Gerüchten, Ausgrenzung, Demotivation, Verweigerung. Wenn Sie solche Verhaltensweisen erkennen, sollten Sie sich darum bemühen, das Missverständnis aus dem Weg zu räumen. Die Klärung von Missverständnissen beruht auf umfassendem Informationsaustausch und Wissensvermittlung. Ziel ist es, die Blickwinkel der Beteiligten darzulegen, um einen Einblick in die Aussage des Gegenübers zu bekommen. Fragen Sie sich:

- Wie offen bin ich für die Meinung des anderen?
- Bin ich bereit, dessen Brille aufzusetzen und die Aussagen aus seinem Blickwinkel zu betrachten?

Als Erzieher/-innen sind wir oftmals Dolmetscher oder Vermittler zwischen Eltern und Eltern oder zwischen Erziehern/-innen und Eltern. Wenn Sie ein Missverständnis erkannt haben, können Sie es folgendermaßen auflösen:

Ursachen für Missverständnisse	Klärungshilfen
Mangelndes Wissen	Weitergabe von Informationen
Missverständlicher Informationsaustausch	Reflektieren und Entwickeln einer effektiveren Form des Informationsaustausches
Unzureichende Möglichkeit für den persönlichen, direkten Austausch	Anbieten von Gesprächsmöglichkeiten, Vermeiden einseitiger Kommunikationsformen (z. B. Briefe, E-Mails, Aushänge)
Informieren ohne Verständnisabfrage	Durch Nachfragen vergewissern, ob die Information unmissverständlich ankam
Von sich auf andere schließen	Vermitteln durch empathische Fragen (z. B.: „Stellen Sie sich vor, Sie wären an meiner/ihrer Stelle: Wie würden Sie reagieren?")
Keine Möglichkeit zur aktiven Rückmeldung	Regelmäßiges persönliches Nachfragen und das Auswerten einer Umfrage

Missverständnisse sind dazu da, geklärt zu werden. Wir Menschen sind glücklicherweise so vielfältig, dass es bereichernd ist, ab und zu einen Blick durch die Brille des anderen zu werfen.

Wort-Spiele

- *„Wie meinen Sie das?"*
- *„Was verstehen Sie unter …?"*
- *„Welche drei Informationen benötige ich als Erzieher/-in, um Ihre Lage/Situation zu verstehen?"*
- *„Welche Informationen brauchen Sie, damit die Situation geklärt werden kann?"*

Das Klären von Missverständnissen setzt Wissen und Bereitschaft zur Auseinandersetzung voraus.

5.5 Konfliktmanagement

Die Basis für das erfolgreiche Führen eines Konfliktgesprächs ist die Begriffsdefinition.

Was ist ein Konflikt?
Ein Konflikt wird als positiv charakterisiert, da sich die Beteiligten mit den Meinungen und Inhalten des Konflikts auseinandersetzen. Diese Auseinandersetzung bietet für alle Beteiligten eine Weiterentwicklung ihres Wissens und ihrer Person.

Was ist ein Streit?
Ein Streit wird als negativ charakterisiert, da die Beteiligten auf der persönlichen Ebene agieren und emotional ihre Meinung verteidigen. Ein Streit kann meistens nur mithilfe unbeteiligter Dritter gelöst werden.

Was ist eine Meinungsverschiedenheit?
Eine Meinungsverschiedenheit wird als neutral charakterisiert, da Argumente auf der sachlichen Ebene diskutiert werden. Wir können unterschiedliche pädagogische Ansätze haben, uns aber in der Zusammenarbeit gut verstehen. Solange die pädagogischen Ansätze miteinander rund laufen, ist alles in Ordnung, kommen sie sich aber in die Quere, so kann ein Konflikt daraus entstehen.

Ein Konflikt wird vielschichtig ausgetragen, deshalb ist es bei der Konfliktlösung wichtig, diese unterschiedlichen Ebenen zu berücksichtigen.

- Auflösen auf der sachlichen Ebene: Welcher Standpunkt wird vertreten?
- Auflösen auf der emotionalen Ebene: Welche Bedürfnisse stehen hinter dieser Meinung?
- Auflösen auf der Beziehungsebene: Wie gehen wir während des Konflikts miteinander um?

In Konfliktsituationen sollten die folgenden Regeln beachtet werden:

Situation	Klärende Fragen	Anmerkung
Beteiligung/Rollen klären	Wer ist am Konflikt beteiligt?	Mutter und Vater oder Erzieher/-in
	Wer übernimmt die Rolle des Vermittlers?	Erzieher/-in
Klären der Sachlage	Welche Meinungen haben die Beteiligten?	Alle Meinungen werden angehört und auf den Punkt gebracht

Situation	Klärende Fragen	Anmerkung
Klären der Konsequenzen	Was sind die Konsequenzen, wenn wir dieser Meinung nachgehen?	Mithilfe einer Gedankensammlung oder Mind Map die Konsequenzen transparent gestalten
Berücksichtigen der Emotionen	Welche Gefühle stehen hinter den Meinungen?	Persönliche Bedürfnisse klären
Klären der Gesprächsregeln	Welche Gesprächsregeln gelten bei der Lösungserarbeitung?	Ich-Botschaften senden, aussprechen lassen, aktiv zuhören
Transparenz	Welche Standpunkte sind sichtbar?	Aufschreiben oder symbolhaftes Gestalten der Standpunkte
Kompromisse finden	„Ich kenne nun Ihre Meinung und Sie kennen meine Meinung. Welche Lösung gibt es?"	Erarbeiten eines Kompromisses mithilfe der Standpunkte, überprüfen der Kompromisse und die zwei besten auswählen
Teilergebnisse festhalten	Welchen Schritt haben wir heute erarbeitet? Wie kommen wir der Lösung näher?	Teilerfolge positiv verbalisieren
Ziel überprüfen	Wie attraktiv, machbar und situationsbezogen ist das Ziel? Wann setzen wir es um?	Lösung regelmäßig überprüfen und weiterentwickeln

Wort-Spiele

Gerade in eingefahrenen Konfliktsituationen ist die „Als-ob"-Technik zielführend. Benutzen Sie also Worte wie könnten, würden, wünschten usw.

- *„Welches Zeichen/welcher Gegenstand könnte für Ihre Meinung stehen?"*
- *„Wie würde das optimale Ziel/die optimale Situation für Sie aussehen? Was würden Sie in dieser Situation fühlen?"*
- *„Um dieses Ziel zu erreichen, was könnte ich dazu beitragen und was könnten Sie dazu beitragen?"*

Ein Konflikt wird als positiv charakterisiert, da er die Auseinandersetzung mit etwas Konkretem und somit eine persönliche Weiterentwicklung bietet.

6 Abgrenzung bei herausfordernden Gesprächssituationen

Beispiel: *Silke Herbst hat sich mit Tim, seinen Eltern und einem externen Therapeuten getroffen, um Fördermaßnahmen zu besprechen. Das Gespräch ist sehr gut gelaufen, da sich die Eltern kooperativ gezeigt haben und weiterhin externe Fördermaßnahmen für ihr Kind in Anspruch nehmen möchten.*
„Ziel erreicht!", berichtet Erzieherin Silke Herbst in der anschließenden Teamsitzung. „Prima!", freuen sich die Kollegen. „Aber zufrieden siehst du trotzdem nicht gerade aus!", bemerkt eine Kollegin. „Ich weiß genau, dass mir die Situation noch tagelang im Kopf herumspukt, und das belastet mich!", erklärt Silke Herbst. „Dann geh doch schwimmen!", „Also ich gehe immer in die Stadt und esse mein Lieblingseis!", „Ich nehme ein Entspannungsbad!", „Und ich mache Yoga!", „Du musst einen Waldspaziergang machen!", lauten die gut gemeinten Ratschläge der Kolleginnen. „Halt! Stopp! Danke für eure Tipps. Ich finde schon noch meinen ganz persönlichen Abschaltknopf", ruft die Erzieherin lachend.

Wie kann man sich abgrenzen, wenn einen die anstrengende Gesprächssituation auch nach Feierabend nicht loslässt? Natürlich muss jeder seine eigene Strategie finden, um nach einer herausfordernden Situation abzuschalten und loszulassen. Am effektivsten ist die Strategie, die einen mit allen Sinnen berührt, bei der sich das Herz öffnet und die das Loslassen aller beschwerlichen Gefühle ermöglicht.

6.1 Alltagstaugliche Strategien

Es gibt zahlreiche Strategien, wie Sie nach herausfordernden Elterngesprächen wieder zur Ruhe kommen und den Kopf frei bekommen. Hier eine kleine Auswahl:

Alten Ballast abwerfen

Nehmen Sie ein Blatt Papier zur Hand und beschriften Sie es mit all den Dingen, die Sie belasten. Falten Sie dann ein Papierschiffchen daraus und setzen Sie es in einen Fluss. Sehen Sie zu, wie der Ballast verschwindet und atmen Sie dabei lange und intensiv aus. Anschließend atmen Sie bewusst neue Energie ein und nehmen die Kraft des Flusses mit!

Stopp!

Wenn energieraubende Gedanken kommen und sich im Kreis drehen, rufen Sie laut oder denken Sie: „Stopp!" Anschließend denken Sie an etwas Entspannendes. Bei einer erneuten Wiederkehr heißt es wieder: „Stopp!" Dies führen Sie solange durch, bis es den unnützen Gedanken zu anstrengend wird, wiederzukommen.

Den Boden unter den Füßen wieder bekommen

Laufen, laufen, laufen. Körperliche Anstrengung – ohne zu übertreiben – ermüdet unsere Gedanken und setzt positive Energie frei. Zudem bekommen wir durch das Laufen wieder Bodenkontakt und betrachten manche Dinge bodenständiger.

Like a movie star!

Stellen Sie sich vor, Sie sitzen im Kino und sehen die herausfordernde Situation auf der Leinwand als Film. Welcher Schauspieler besitzt die Energie, Ihre Rolle einzunehmen, so dass der Film ein Happy End bekommt? Wie sieht das Happy End aus und was für einen Tipp gibt Ihnen der Schauspieler, wie Sie ein gelungenes Ende dieser Situation meistern?

Weitere Entlastungsstrategien

- Ein Gespräch mit einer professionellen, externen Person, z. B. einem Supervisor oder Coach
- Das Praktizieren einer Entspannungsmethode, die zu einem passt
- Das Versetzen in andere Welten oder andere Blickwinkel durch das Lesen eines Buchs.

6.2 Rettungsanker in Gesprächen

Meist wird nicht nur nach herausfordernden Elterngesprächen Unterstützung benötigt, sondern auch währenddessen. Es kommen Gedanken wie: „Wo ist mein Rettungsanker, wenn mich die Gesprächssituation mit dieser Mutter oder diesem Vater stark herausfordert?" Wenn Sie sich schon im Vorfeld einige Strategien zurechtlegen, können diese zu Ihrem Rettungsanker werden, wenn die Situation während des Gesprächs herausfordernd wird. Hier eine kleine Auswahl an Rettungsankern:

Ausatmen

Die Beine stehen fest auf dem Boden und Sie atmen ganz langsam, intensiv aus. Beim anschließenden Einatmen bekommen Sie neue Kraft.

Aufstehen

Wenn Sie das Gefühl haben, dass sich das Gespräch im Kreis dreht, können Sie die Situation unterbrechen. Ob Sie nun „Ich mache kurz das Fenster auf, damit wir wieder frische Luft bekommen!" oder „Entschuldigung, ich gehe kurz auf die Toilette. Ich komme in zwei Minuten wieder" sagen – das Gespräch bekommt einen Bruch. In diesem Fall ist es aber vertretbar, denn wir nutzen die zwei Minuten des Rückzugs, um zu verschnaufen, neue Perspektiven zu bekommen und die Gedanken zu sortieren.

Bewegung

Eine weitere Möglichkeit in verfahrenen Gesprächen ist, die Beteiligten aufstehen zu lassen und ihre Gedanken/Meinungen oder Wünsche auf ein Plakat schreiben zu lassen. So kommt Bewegung ins Spiel und die Gedanken kommen wieder in Schwung.

Gummiwand

Bei verletzenden Vorwürfen oder persönlichen Angriffen lohnt es sich, sich durch eine imaginäre Gummiwand abzugrenzen. Stellen Sie sich vor, Sie holen Ihre Luftpumpe und pumpen Luft in die Gummiwand, an der alle unproduktiven Aussagen abprallen. Schützen Sie sich solange mit dieser imaginären Wand bis Sie in der Lage sind, das Gespräch durch Fragen auf die sachliche Ebene zu bringen.

Ping-Pong

Betrachten Sie das Gespräch als Spiel und stellen Sie sich imaginäre Bälle vor: Wer wirft wem die Bälle zu und wer fängt die Gesprächsbälle auf? Welche Bälle verlieren Sie und wieso? Wie müssen Sie die Bälle werfen, damit der andere sie auffangen kann?

Notbremse

Es gibt Situationen, in denen wir uns in eine Idee oder Überforderung hineinsteigern – dies kann schnell, aber auch schleichend geschehen. Sobald Sie feststellen, dass Sie sich verrennen, ziehen Sie die Notbremse und sagen: „Stopp!" Überlegen Sie dann: „Was ist meine eigentliche Aufgabe hier in dieser Arbeitsstelle?" In den meisten Fällen besteht diese darin, das Wohle des Kindes in den Mittelpunkt zu stellen und danach zu handeln. Mit dieser Erkenntnis im Blickfeld agieren Sie anschließend weiter.

Was sind meine Aufgaben?

Erkenntnisgewinn

Halten Sie eine Balance zwischen An- und Entspannung. Das ist leicht gesagt und im Prinzip sehr einleuchtend. Denn hinter jeder herausfordernden Gesprächssituation steckt der Gewinn der persönlichen Weiterentwicklung. Das Scheinwerferlicht auf diesen Gewinn zu lenken und zu fragen: „Welchen positiven Gesichtspunkt ziehe ich aus dieser Situation?", erleichtert die Entspannung während und nach jedem noch so herausfordernden Gespräch.

Abgrenzung ist wichtig, um das eigene Wohlbefinden zu gewährleisten, den/die Gesprächspartner/-in zielorientiert durch das Gespräch zu führen und den Überblick über die Gesamtsituation zu behalten.

7 Reflexion und Planung

Beispiel: *„Beim heutigen Elterngespräch nehme ich mir vor, mit Giraffen-Ohren zu hören. Außerdem frage ich nach den Gefühlen und Bedürfnissen der Mutter und formuliere am Ende mein Ziel als konkrete Bitte", verkündet Katharina Winter. „Also gut, ich beobachte, wie du das umsetzt", sagt Sven Sommer. „Ich beobachte dich auch und gebe dir anschließend ein Feedback", ergänzt Silke Herbst. Alle drei Erzieher/-innen sind heute bei dem Elterngespräch mit Frau und Herrn Müller anwesend, da die Entwicklung und die Veränderung der Buchungszeiten der Kinder Inhalt des Gesprächs sind. „Unser Ziel haben wir ja bereits formuliert: Zur Entlastung der Mutter finden wir es sinnvoll, wenn alle drei Kinder eine Stunde länger in Krippe, Kindergarten und Hort bleiben", fasst Sven Sommer zusammen. „Unser roter Faden sind die Kinder. Zur Unterstützung bei den jeweiligen Entwicklungsgesprächen habe ich auf dieses Plakat die Fotos von Paul, Sofia und Yannick geklebt", ergänzt Katharina Winter. „Und ich schlage vor, dass wir mit Paul beginnen. Am Ende des Entwicklungsberichts schreiben die Eltern neben das jeweilige Foto, was Sie sich für das Kind wünschen und wie sie es unterstützen", sagt Silke Herbst. Nachdem der Ablauf transparent dargestellt ist und die Aufgaben verteilt wurden, sind die Erzieher/-innen bereit für das Gespräch.*
Wie erwartet verläuft das Gespräch sehr positiv, die Eltern sind froh über den Vorschlag zur Unterstützung und das Plakat steht voller guter Wünsche für das einzelne Kind. Nachdem die Eltern verabschiedet wurden, setzen sich die Erzieher für 30 Minuten zusammen und reflektieren das Gespräch.

Nach einem Gespräch lassen wir die Begegnung noch einmal Revue passieren – wie lange, ist dabei jedem selbst überlassen, das können nur einige Minuten sein, aber auch ein größeres Zeitfenster ist möglich. Das Ziel hierbei ist, die positiven Elemente weiter anzuwenden und weniger optimale Strategien noch einmal zu überdenken. Fragen, die zur Reflexion und Planung der Elterngespräche nützlich sind, finden Sie im Folgenden:

Fragen zur Reflexion	Methodische Fragen	Inhaltliche Fragen	Impulse für weitere Gespräche und zur Planung
Welches Ziel habe ich erreicht?	Wodurch wurde das Ziel vermittelt?	War das Ziel klar und verständlich formuliert?	Eine klare und konkrete Zielformulierung muss für den Gesprächsführer präsent sein.

Fragen zur Reflexion	Methodische Fragen	Inhaltliche Fragen	Impulse für weitere Gespräche und zur Planung
Wer war an dem Gespräch beteiligt?	Wodurch habe ich alle Beteiligten im Gespräch erreicht?	Welcher Inhalt wurde am Ende von den Beteiligten wiedergegeben?	Anwendung unterschiedlicher Methoden, um alle am Gespräch Beteiligten zu erreichen.
Welche Gesprächsstrategien habe ich angewandt?	Mit welchen Stilmitteln habe ich diese Strategie angewandt?	Wann habe ich eine Strategie angewandt? War diese erfolgreich?	Die Reaktion des Gegenübers und mein eigenes Gefühl entscheiden, welche Strategien ich wieder anwende.
Wann habe ich mich im Gespräch sicher und kompetent gefühlt?	Woran habe ich gemerkt, dass ich mich sicher und kompetent fühle?	Habe ich auf mich und auf andere Beteiligte authentisch gewirkt?	Nutzen der Fähigkeiten und Ressourcen für weitere Gesprächssituationen.
Was konnten Beteiligte während des Gesprächs bei mir beobachten?	Welche Symbole, Wörter oder Methoden haben mir beim Spiegeln und Führen meiner Gesprächspartner/-innen geholfen?	Welche Mimik, Gestik und Redewendungen habe ich gezielt eingesetzt? Wie habe ich meine Gesprächspartner/-innen gespiegelt und geführt?	Gezielter Einsatz von Mimik, Gestik und dem Wiederholen von Redewendungen. Ein Symbol für diese Methoden nutzen.
Wie effektiv ist die Erarbeitung des Ziels?	Wann genau wird das Ziel überprüft?	Welche Vorteile hat mein/-e Gesprächspartner/-in durch das Erarbeiten des Ziels?	Überprüfen der Wirksamkeit dessen, was während des Gesprächs erarbeitet wurde.

Fragen zur Reflexion	Methodische Fragen	Inhaltliche Fragen	Impulse für weitere Gespräche und zur Planung
Welche Strategien/Gesprächshelfer empfinde ich für mich als hilfreich?	Welche Kommunikationshelfer oder Strategien habe ich in anderen Gesprächssituationen als vorteilhaft empfunden?	In welcher Situation haben mir Kommunikationsstrategien zur Zielführung geholfen?	Erweiterung des kompetenten Kommunikationsverhaltens.

Web

Einen Arbeitsbogen für ein persönliches Fragenraster zur Reflexion und Planung finden Sie im Online-Material (Blatt 8).

Diese Reflexion kann allein erfolgen oder im Team mit Kollegen/-innen, die am Gespräch oder Elternabend teilgenommen haben. Dabei können die eigenen Antworten und die Rückmeldungen von Kollegen/-innen für die Planung weiterer Gespräche genutzt werden.

Es lohnt sich, regelmäßig Reflexionen im Team und mit sich selbst einzuplanen. Denn diese Reflexion ist ein wichtiger Schritt zur Weiterentwicklung des persönlichen Gesprächsstils. Wenn wir reflektieren, planen wir zugleich schon die weitere Vorgehensweise mit dem/der Gesprächspartner/-in oder der Gesprächsgruppe. Denn: Nach dem Gespräch ist vor dem Gespräch!

Wahrnehmen – Beobachten – Handeln – Reflektieren – Planen: Dies ist ein ständiger Kreislauf, der das verantwortliche Handeln und das kompetente Agieren im pädagogischen Umfeld wesentlich bestimmt.

Schlusswort

Herzlichen Dank für Ihr Interesse an meinen Ausführungen und Impulsen zum weitläufigen Feld der Kommunikation!

Jede Mutter, jeder Vater, jede Pädagogin, jeder Pädagoge – jeder Mensch bereichert die Vielfalt des Gesprächs! Zwischenmenschliche Interaktion hat und wird immer eine hohe Bedeutung haben und unersetzbar sein – genauso wie die Zeit, die wir Eltern für ein Gespräch zur Verfügung stellen, immer eine Bereicherung für die Gesprächspartner/-innen und die Kommunikationskultur sein wird.

Im Mittelpunkt jeder Begegnung stehen wir Menschen mit unserer facettenreichen Individualität. Alle Stärken und Fähigkeiten, die uns unterstützen, sich jeden Tag aufs Neue auf diese Begegnungen einzulassen, tragen wir in uns. Übung, Mut und Geduld helfen uns im Alltag. Da es kein „Falsch" in der Kommunikation gibt, können wir aus unseren Erfahrungen nur profitieren und unseren Erfahrungsschatz erweitern.

Viel Spaß und alles Gute beim Erweitern Ihrer persönlichen Gesprächsschatztruhe!

Sibylle Münnich

Literatur

Kumbier, Dagmar/Schulz von Thun, Friedemann: Interkulturelle Kommunikation, 4. Auflage, Hamburg: Rowohlt, 2010.

Lindgren, Astrid: Ronja Räubertochter, 44. Auflage, Hamburg: Oetinger, 1982.

Märtin, Doris/Boeck, Doris: SMALL TALK, 12. Auflage, München: Heyne, 1998.

Matschnig, Monika: 30 Minuten um Körpersprache zu verstehen, 4. Auflage, Offenbach: © GABAL Verlag GmbH, 2007 (ISBN 978-3-89749-716-0).

O'Connor, Joseph/Seymor, John: Neurolinguistisches Programmieren – Gelungene Kommunikation und persönliche Entfaltung, 13. Auflage, Freiburg: VAK, 2003.

Rust, Serena: Wenn die Giraffe mit dem Wolf tanzt, 3. Auflage, Burgrain: KOHA, 2007.

Schulz von Thun, Friedemann: Miteinander reden: 1, Sonderausgabe, Hamburg: Rowohlt, 2005.

Schwarz, Aljoscha A./Schweppe, Ronald P.: Praxisbuch NLP, 6. Auflage, München: Südwest, 2003.

Stewart, Ian/Joines, Vann: Die Transaktionsanalyse, 18. Gesamtauflage, Freiburg: Herder spektrum, 2000.

Watzlawick, Paul/Beavin, Janet H./Jackson, Don D.: Menschliche Kommunikation, 11. Auflage, Bern: Huber, 2007.

Bildquellenverzeichnis

© Bildungsverlag EINS, Köln/Nadine Dilly, Bottrop: Umschlag, S. 14, 16, 45, 52, 81, 86, 98

© Bildungsverlag EINS, Köln/Evelyn Neuss, Hannover: S. 7, 26, 29, 41, 42

© Bildungsverlag EINS, Köln/Nik Weber, Köln: S. 11, 35, 60, 61, 68, 71, 84, 89

© Fotolia.com: S. 12 (Julián Rovagnati), 19 (Meddy Popcorn), S. 20 (Cooper), 31 (Peter Atkins), S. 37 (Cooper), 47 (Peter Atkins), 50 (Galina Barskaya), 54 (Orhan Çam), 88 (Patrice Boucher), 97 (drubig-photo)

© MEV, Augsburg: S. 49 (Andreas Brücklmair), 77 (Nicholson Graeme)

© Bildungsverlag EINS, Köln/Christian Schlüter, Essen: S. 59, 91, 102

© Bildungsverlag EINS, Köln/Foto Stephan - Behrla Nöhrbaß GbR: S. 66, 74

Video-Sequenzen online: © Bildungsverlag EINS, Köln/Nik Weber, Köln

Sachwortverzeichnis